KARL FRIEDRICH BERTRAM

Das Widerstandsrecht des Grundgesetzes

Schriften zum Öffentlichen Recht

Band 122

Das Widerstandsrecht
des Grundgesetzes

Von

Dr. Karl Friedrich Bertram

DUNCKER & HUMBLOT / BERLIN

Alle Rechte vorbehalten
© 1970 Duncker & Humblot, Berlin 41
Gedruckt 1970 bei Buchdruckerei Bruno Luck, Berlin 65
Printed in Germany

Inhaltsverzeichnis

Einleitung   11

Erster Teil

Kurzer Überblick über die geschichtliche Entwicklung des Widerstandsrechts

I. *Das kirchliche Widerstandsrecht* 13
Ursprünglich passiver Widerstand um des Glaubens willen — seit 313 Entwicklung zum aktiven Widerstand, wenn der Herrscher gegen Gottes Gebote verstieß, Ausbildung eines förmlichen Verfahrens zur Feststellung des Widerstandsfalles.

II. *Das germanische Widerstandsrecht* 15
Herrscher und Untertanen waren in gegenseitiger Treue verbunden — verletzte der Herrscher das Recht, so konnte jeder Freie sich dieses Herrschers formlos durch Neuwahl eines anderen entledigen — Beispiele aus der Völkerwanderungszeit.

III. *Widerstandsrecht und Lehnsrecht* 18
Lehnsrecht beruhte ebenfalls auf gegenseitiger Treue — Widerstand erlaubt bei Rechtsverstößen des Lehnsherrn und wenn die Treue gegenüber dem Lehnsherrn gegen ältere oder höherwertige Rechte verstoßen haben würde — erst nach Abmahnung durfte die Treue aufgekündigt werden — Pflicht zur Anrufung des Lehnsgerichts, wenn es bestand.

IV. *Das Widerstandsrecht im Ständestaat* 19
Staatsgewalt aufgeteilt zwischen Herrscher und Ständen — Machtverteilung zwischen Herrscher und Ständen hing von der jeweiligen Situation ab — zur Erfüllung staatlicher Aufgaben war Vereinbarung zwischen beiden Gewalten nötig — dabei diente das Widerstandsrecht als Schutz für die Rechte der Stände gegen Übergriffe des Herrschers — vorausgehen mußte mindestens eine Abmahnung — der Herrscher war immer unantastbar, meist auch unabsetzbar — Bedeutung des Widerstandsrechts im Ständestaat.

V. *Theoretische Begründungen für das Widerstandsrecht seit dem Mittelalter* 28
Marsilius von Padua — Lupold von Bebenburg — Manegold von Lautenbach — Calvin — Hotman — Beza — Philippe du Plessis-Mornay — Buchanan — Mariana — Luther — Althusius — Grotius.

VI. *Das Widerstandsrecht im absoluten Staat* 34
Herrscher hat Anspruch auf unbedingten Gehorsam, ist aber im aufgeklärten Absolutismus rechtlich durch die vorgegebenen Staatszwecke beschränkt — Widerstandsrecht mit dieser Auffassung nicht mehr vereinbar — Ansicht von Svarez — Widerstand nach Reichsrecht noch zulässig — Pufendorf — Wolff — Erweiterung zu einem Recht zum Umsturz bei Rousseau.

VII. *Das Widerstandsrecht in der Neuzeit* 37
In amerikanische Verfassungen ist ein Widerstandsrecht aufgenommen worden, ebenso in die Verfassungen von 1791 und 1793 in Frankreich — hannoverscher Verfassungskonflikt von 1837 — nicht anerkannt im Rechtsstaat des 19. Jahrhunderts — seit 1945 ist die Geltung des Widerstandsrechts unbestritten — ein den Menschenrechten zugeordnetes Recht.

Zweiter Teil

Die Voraussetzungen des Widerstands- und Staatsnothilferechts des Art. 20 Abs. IV des Grundgesetzes

I. *Das Ziel der Ausübung dieser Rechte* 42
Das Widerstandsrecht richtet sich gegen staatliche Hoheitsakte — das Staatsnothilferecht ist auch gegen Handlungen Privater gerichtet — das Ziel beider Rechte ist die Bewahrung, Erhaltung des bestehenden Rechts — Unterschied zur Revolution — als Zweck der Handlung genügt die Durchsetzung des Rechts in einem einzigen Fall — braucht kein sinnvoller Versuch zur Herbeiführung einer allgemeinen Wende zum Besseren zu sein — Abwehrwille.

II. *Der Ausschluß des Widerstandsrechts und der Staatsnothilfe durch andere Rechtsbehelfe* 47
Verfassungsmäßiger Rechtsschutz muß ausgeschöpft werden — Abgrenzung zu anderen verfassungsmäßigen Rechten.

III. *Das Widerstandsrecht als staatsbürgerliches Recht der Deutschen* 50
Steht nach Art. 20 Abs. IV GG allen deutschen Staatsangehörigen zu — Ausländern steht es nur bei Menschenrechtsverletzungen als übergesetzliches Notrecht zu — in den Länderverfassungen von Bremen, Berlin und Hessen wird es jedermann zugebilligt.

IV. *Das Schutzobjekt des Widerstands- und Staatsnothilferechts* 52
Ausschluß der Gewalt- und Willkürherrschaft — tragende Verfassungsgrundsätze des Rechtsstaats: Bindung der staatlichen Gewalt an Gesetz und Recht, Unabhängigkeit der Gerichte, Recht auf freie Wahlen, Recht auf parlamentarische Opposition, Ablösbarkeit und parlamentarische Verantwortlichkeit der Regierung, Gliederung des Staatsgebietes in Länder und deren Mitwirkung bei der Gesetzgebung.

V. *Die Besonderheiten des Staatsnothilferechts* 55
Seit den Zeiten der Weimarer Republik anerkannt — subsidiäres Recht — Voraussetzungen der Notwehr nach § 53 StGB müssen vorliegen — kein Eingriff in Rechtsgüter Unbeteiligter, auch nicht bei der Ausübung des Widerstandsrechts.

Dritter Teil

Die praktische Anwendung der Rechte aus Art. 20 Abs. IV des Grundgesetzes

I. *Allgemeines und Entschädigungspflichten* 62
Kein Recht zur Verbrechensverhinderung — keine Legalisierung des Bürgerkrieges — Entschädigungspflichten des Staates — keine Schadensersatzpflicht des Widerstand Leistenden, außer bei Eingriffen in Rechtsgüter Dritter — Ersatz von Sachschäden nach dem Tumultschädengesetz durch den Staat.

II. *Die Organisierbarkeit des Widerstandes und der Staatsnothilfe* ... 66
Politische Organisation durch die Parteien möglich — rechtlich nicht organisierbar — politischer Streik.

III. *Das Verhältnis von Art. 20 Abs. IV GG zu anderen Notrechten und zum Parteienprivileg* 68
Notwehr des Staates selbst — Widerstandsrecht und Parteienprivileg — Staatsnothilfe und Parteienprivileg.

IV. *Folgen des Irrtums über einzelne Voraussetzungen des Widerstands- und Staatsnothilferechts* 70
Wer irrt, handelt rechtswidrig — das Merkmal anderweitiger Abhilfe ist nicht bloße Bedingung der Rechtfertigung, sondern Tatbestandsmerkmal — Bedeutung eines Verbotsirrtums.

V. *Die Wirksamkeit des Widerstands- und Staatsnothilferechts im unbeteiligten Staat* 73
Asylrecht — Rechtfertigung nur für Verstöße gegen Rechtsvorschriften des Staates, gegen dessen Organe Widerstand geleistet wird — keine Rechtfertigung für Verstöße gegen das Recht des unbeteiligten Staates.

VI. *Das Widerstandsrecht im besetzten Staat* 76
Die Rechte der Besatzungsmacht nach der Haager Landkriegsordnung — das nach dem IV. Genfer Abkommen der Bevölkerung des besetzten Landes gesicherte Menschenrechtsminimum — Rechte und Bedeutung der Schutzmacht — Widerstandsrecht erst gegeben, wenn Eingreifen der Schutzmacht erfolglos bleibt.

VII. *Der Umfang der Rechtfertigung nach Art. 20 Abs. IV GG* 83
Landesverrat kann gerechtfertigt sein — „Tyrannenmord" ist nicht gerechtfertigt.

VIII. *Zur Pflicht, Widerstand zu leisten* 87
Eine staatsrechtliche, erzwingbare Pflicht zum Widerstand gibt es nicht — mitgliedschaftliche Pflicht der Gewerkschaftsmitglieder zur Beteiligung am politischen Streik.

Vierter Teil

Möglichkeiten der Rechtfertigung einer Revolution   90

Revolution im Unrechtsstaat ist als letztes Mittel ethisch erlaubt — die katholische Lehranschauung — Anschauungen evangelischer Theologen der fünfziger Jahre dieses Jahrhunderts — Theologie der Revolution — Voraussetzungen des rechtfertigenden Notstandes bei einem Umsturz einer Unrechtsherrschaft — Bedeutung der Rechtfertigung einer solchen Revolution.

Literaturverzeichnis   102

Abkürzungsverzeichnis

(Zugleich eine Ergänzung des Literaturverzeichnisses)

Zeitschriften

AöR	=	Archiv des öffentlichen Rechts, Tübingen
ARSP	=	Archiv für Rechts- und Sozialphilosophie, Neuwied
DB	=	Der Betrieb; Wochenschrift für Betriebswirtschaft, Steuerrecht, Wirtschaftsrecht, Arbeitsrecht, Düsseldorf
DÖV	=	Die öffentliche Verwaltung; Zeitschrift für Verwaltungsrecht und Verwaltungspolitik, Stuttgart
Geschichte	=	Geschichte in Wissenschaft und Unterricht; Zeitschrift des Verbandes der Geschichtslehrer Deutschlands, Offenburg
GS	=	Der Gerichtssaal; Zeitschrift für Zivil- und Militär-Strafrecht sowie die ergänzenden Disziplinen; Organ der deutschen strafrechtlichen Gesellschaft, Stuttgart
Hist. Z	=	Historische Zeitschrift, München
JW	=	Juristische Wochenschrift, Leipzig
JZ	=	Juristenzeitung, Tübingen
MDR	=	Monatsschrift für deutsches Recht, Hamburg
NJW	=	Neue Juristische Wochenschrift, München, Berlin, Frankfurt/M.
RzW	=	Rechtsprechung zum Wiedergutmachungsrecht, München, Berlin, Frankfurt/M.
SJZ	=	Süddeutsche Juristenzeitung, Heidelberg
Staat	=	Der Staat; Zeitschrift für Staatslehre, öffentliches Recht und Verfassungsgeschichte, Berlin
ZStW	=	Zeitschrift für die gesamte Strafrechtswissenschaft, Berlin

Deutsche Fragen; Informationen und Berichte aus Mitteldeutschland als Beitrag zur Wiedervereinigung, Berlin

Die amtlichen Sammlungen der Entscheidungen folgender Gerichte:

BVerfGE	=	des Bundesverfassungsgerichts
BGHZ	=	des Bundesgerichtshofs in Zivilsachen
BGHSt	=	des Bundesgerichtshofs in Strafsachen
BAG	=	des Bundesarbeitsgerichts

RGZ = des Reichsgerichts in Zivilsachen
RGSt = des Reichsgerichts in Strafsachen
OGHSt = des Obersten Gerichtshofs für die britische Zone in Strafsachen

Einleitung

Der Parlamentarische Rat hat seinerzeit bei den Beratungen über das Grundgesetz bewußt davon abgesehen, das Widerstandsrecht, dessen Bestehen anerkannt war, in die Verfassung aufzunehmen. Es wurde als übergesetzliches Recht verstanden, als welches es sich schwer durch positive Gesetzesbestimmungen eingrenzen ließ. Mit dem 7. Gesetz zur Ergänzung des Grundgesetzes vom 24. Juni 1968[1] hat der Bundestag die vom Parlamentarischen Rat getroffene Entscheidung revidiert und das Widerstandsrecht in die Verfassung aufgenommen. Er ist damit der Linie gefolgt, die unmittelbar nach dem Zusammenbruch des Jahres 1945 die Landesverfassungsgesetzgeber von Berlin, Bremen und Hessen eingeschlagen hatten, die jedem Bürger ausdrücklich ein Recht zum Widerstand zubilligten.

Wie die entsprechenden Protokolle der Bundestagssitzungen ausweisen, ist das Widerstandsrecht etwas hastig, jedenfalls ohne ins einzelne gehende vorherige parlamentarische Erörterung und Beratung ins Grundgesetz aufgenommen worden. Gleichwohl wird man sagen können, daß Bundesinnenminister Benda nur die übereinstimmende Auffassung von Bundesregierung und Bundestag wiedergab, wenn er zum Ausdruck brachte, daß an sich durch die Einfügung des Absatzes IV in den Artikel 20 des Grundgesetzes nur das in die Verfassung aufgenommen worden sei, was ohnehin schon rechtens wäre. Es sollte also dadurch kein Mehr an Rechten gewährt werden.

Von da aus ist es nicht nur reizvoll, zu untersuchen, ob dieser Wille des Bundestages auch hinreichend in Art. 20 Abs. IV GG zum Ausdruck gekommen ist oder ob jetzt nicht doch mehr oder gar weniger gewährt wird, als der Gesetzgeber eigentlich gewähren wollte. Eine solche Untersuchung ist auch nötig wegen der erheblichen praktischen Auswirkungen, die sich unter Umständen aus der Formulierung des Widerstandsrechts in Art. 20 GG einmal ergeben könnten. Es kommt hinzu, daß das Widerstandsrecht eine so große Problematik enthält, daß davon allerhöchstens ein kleiner Teil im Wortlaut einer Verfassungsbestimmung sichtbar gemacht werden kann. Das bedeutet, daß die feierliche Deklaration des Widerstandsrechts in der Verfassung auch zu Mißdeutung und Mißbrauch Anlaß geben kann, weil der einzelne, der sich

---

[1] BGBl I Seite 709.

auf dieses Recht beruft, Täuschungen unterliegen kann und sich vielleicht nicht hinreichend bewußt wird, welches Wagnis er eingeht und welches Risiko er zu tragen hat. Es soll der Sinn der nachfolgenden Zeilen sein, hier den Versuch zu unternehmen, zur Klarheit beizutragen. Dabei ist es zum leichteren Verständnis des gegenwärtigen Rechtszustandes zweckmäßig, sich zunächst kurz die Entwicklung des Widerstandsrechts im deutschen Rechtskreis vor Augen zu führen.

Erster Teil

Kurzer Überblick über die geschichtliche Entwicklung des Widerstandsrechts

I. Das kirchliche Widerstandsrecht

Die christliche Lehre hat auf das Widerstandsrecht großen Einfluß ausgeübt. Das Christentum ist als religiöse Minderheit inmitten einer ihm feindlichen Umwelt früh mit den Problemen eines Widerstandes um des Glaubens willen in Berührung gekommen. Der Kaiserkult des römischen Staates war für den Christen ganz eindeutig Götzendienst, dem widerstanden werden mußte nach den Bibelworten: „Gebet dem Kaiser, was des Kaisers ist, und Gott, was Gottes ist[1]" sowie: „Man muß Gott mehr gehorchen als den Menschen[2]." Auf der anderen Seite stehen aber die Worte des *Apostels Paulus*: „Jedermann sei untertan der Obrigkeit, die Gewalt über ihn hat. Denn es ist keine Obrigkeit ohne von Gott... Wer sich aber wider die Obrigkeit setzet, der widerstrebet Gottes Ordnung[3]." Gott läßt auch das Böse zu und führt in seiner unbegreiflichen Gnade den Sünder zum Heil. Ihm allein kommt das Richteramt zu[4]. Aus diesen Grundsätzen ergab sich die Grenze altchristlichen Widerstandes: Es war passiver Widerstand durch den einzelnen, notfalls bis zur Hingabe des eigenen Lebens um des Glaubens, nicht etwa um politischer Rechte willen[5]. Dieser Widerstand kann nur individuelle Rechtfertigung vor Gott finden. Solche Art von Widerstandsrecht — wenn dieser Ausdruck hierfür überhaupt am Platze ist — wurde auch von den Kirchenvätern bis in die Zeit *Augustins* vertreten[6]. Passiver Widerstand dieser Art ist vielfach geleistet worden: Die altchristlichen Märtyrer weigerten sich standhaft, am Kaiserkult teilzunehmen, ließen sich dann aber im Namen desselben Kaisers, den sie nicht anbeteten, auf oft grausame Weise hinrichten.

---

[1] Markus 12, 17.
[2] Apgesch. 5, 29.
[3] Römer 13, 1 u. 2.
[4] Matth. 7, 1.
[5] *Spörl*, Gedanken um Widerstandsrecht und Tyrannenmord im Mittelalter, in: Pfister und Hildmann, Widerstandsrecht und Grenzen der Staatsgewalt, Berlin 1956, S. 14 f.
[6] *Stüttler*, in: ARSP 1965, 495 ff.

1. Teil: Geschichtliche Entwicklung des Widerstandsrechts

Als das Christentum nach dem Toleranzedikt des *Kaisers Konstantin* im Jahre 313 zur Staatsreligion geworden war und damit eine Art von Mitverantwortung für den Staat übernahm, begann sich auch die Frage eines aktiven Widerstandes zu stellen, eines Widerstandes nämlich gegen eine sündige, ketzerische Obrigkeit. Im Laufe der Zeit entwickelte sich für einen solchen Fall sogar eine Pflicht zum Widerstand. Diese bestand nicht nur dann, wenn der Herrscher Ketzerei trieb, sondern auch dann, wenn er gegen Gottes Gebote und gegen elementare Naturrechtsregeln verstieß[7]. Der alten Märtyrerüberlieferung folgend hätte ein solches Verhalten des Herrschers nicht zum Widerstand berechtigen können. Auch ein tyrannischer Herrscher vom Schlage eines *Nero* war die rechtlich zuständige Obrigkeit, der — soweit es nicht um den Glauben ging — Gehorsam geschuldet wurde. Die herrschende Lehre der frühmittelalterlichen Kirche entwickelte aber die Pflicht, einen tyrannischen Herrscher dadurch unschädlich zu machen, daß der Christ bei der Entziehung der Herrschermacht, die jener naturrechtlich, nach göttlichem Recht, verwirkt hatte, in der staatlichen Praxis nach Vermögen mitwirken sollte. Diese Pflicht beruhte einmal auf dem damals herausgearbeiteten Grundgedanken des Auftrags aller Christen, ein christliches Staatswesen zu errichten, zum andern auf dem allmählich an Boden gewinnenden Gedanken, daß die geistliche Gewalt über der weltlichen stehe, weil der Inhaber der letzteren als Mensch und Christ den Lehren der Kirche untertan sei[8]. Da der tyrannische Herrscher nach dieser Auffassung nicht mehr Obrigkeit im Sinne des 13. Kapitels des Römerbriefes war, konnte er auch ohne Verstoß gegen diese Schriftstelle bekämpft werden. Die Feststellung, daß ein Widerstandsfall vorlag, hatte nur deklaratorischen Charakter, weil der Herrscher sich sozusagen selbst durch seine tyrannischen Handlungen gerichtet und sein Herrscherrecht verwirkt hatte. Da die Kirche damals überall — auch in den Germanenreichen der Völkerwanderungszeit, die auf ehemals römischem Reichsboden entstanden waren — nach römischem Recht lebte, war es auf Grund dieser Tradition selbstverständlich, daß die Feststellung des Widerstandsfalles nur auf Grund eines förmlichen Verfahrens getroffen werden konnte. Dieses Verfahren gewann bei der engen Verflechtung der Kirche mit den öffentlichen, staatlichen Aufgaben — diese begann im Frankenreich z. B. besonders unter den Karolingern — auch in rein staatlichen Bereichen an Bedeutung.

Ein Beispiel für den Ablauf eines solchen Verfahrens bietet die Buße *Ludwigs des Frommen* nach seiner Kapitulation bei Kolmar im Jahre

---

[7] *Heyland*, Das Widerstandsrecht des Volkes, 1950, S. 10 u. 11.

[8] So haben z. B. Ludwig der Fromme und sein Sohn Karl der Kahle ihre Unterstellung unter die kirchliche Gerichtsbarkeit feierlich anerkannt.

833: Dem Kaiser wurden damals zahlreiche kapitale Verbrechen vorgeworfen. Nach der Auffassung der als seine Richter fungierenden fränkischen Bischöfe hatte er durch diese Sünden auch seine Herrscherrechte verloren. Dies stellte das Gericht fest, das seine Berechtigung zum Richteramt aus der nach der Thronbesteigung des Kaisers erfolgten kirchlichen Salbung herleitete. Nach Erledigung der ihm von den Bischöfen auferlegten Kirchenbuße in Soissons war Ludwig der Fromme wieder regierungsfähig mit der Folge, daß ihm von da an automatisch wieder Gehorsam geschuldet wurde.

Die Absetzung *Heinrichs IV.* während des Investiturstreites durch Papst *Gregor VII.* beruhte auf den gleichen Gedanken. Auch diesmal hatte der päpstliche Spruch mit der feierlichen Entbindung der Untertanen von ihrer Gehorsamspflicht gegen den König nur deklaratorische Bedeutung: Der König sollte durch eigene Sünde die Herrschaftsrechte schon verwirkt haben.

Daß bei der engen Verflechtung der Kirche mit der staatlichen Macht im Mittelalter bei der Feststellung des Widerstandsfalles nicht immer nur rein geistliche Gesichtspunkte maßgebend waren, mag nur am Rande vermerkt sein. Hierauf kommt es für unsere Untersuchung nicht an. Wesentlich ist, daß sich im Zusammenhang mit der Umbildung des altchristlichen passiven, geistlichen Widerstandes zum frühmittelalterlichen aktiven, kirchlichen Widerstandsrecht ein förmliches Verfahren zur Feststellung des Vorliegens eines Widerstandsfalles herausgebildet hat. Diese Feststellung hatte zwar nur deklaratorische Bedeutung; gleichwohl war sie Voraussetzung für die Vornahme von Widerstandshandlungen.

II. Das germanische Widerstandsrecht

Wie dem Christentum von Anfang an der Gedanke des Widerstandes um des Glaubens willen geläufig war, so war in der germanischen Rechtspraxis ein Widerstandsrecht gegen den Herrscher, der seine Befugnisse überschritt, seit alters her fest eingebürgert. Nach altgermanischer Staatsauffassung stand dem Herrscher keine unumschränkte Macht zu. Seine Herrschergewalt beruhte auf dem Gewohnheitsrecht und war vom Recht abhängig, welches über dem Herrscher stand[9]. Der spätgermanische und auch der mittelalterliche Staat war ein Personenverbandsstaat, der auf persönlichen Bindungen, auf Autorität und Unterordnung, Führung und Gefolgschaft beruhte[10]. Das Staatsrecht

---

[9] *Tacitus*, Germania, Kap. 7.
[10] *Mitteis*, Der Staat des hohen Mittelalters, 3. Aufl. 1948, S. 3.

wurde demgemäß vom Grundgedanken gegenseitiger Treue beherrscht, die Herrscher und Untertanen sich schuldeten. Beide hatten Pflichten und Rechte. Die Treue des Untertanen bestand nicht in willenloser Unterwerfung, sondern in selbstbewußter und selbstverantwortlicher Unterordnung. Der Herrscher hatte demgegenüber das von den Vätern überkommene Recht zu erhalten und zu bewahren. Diese Pflicht zu achten sicherte der Herrscher vielfach bei seinem Regierungsantritt dem Volke eidlich zu. So schwor im 6. Jahrhundert bei den Westgoten der König, Gesetze und Gewohnheiten des Landes zu erhalten. Auch bei den Franken entwickelte sich ein solcher Eid zu einem festen Rechtsinstitut: Er wurde z. B. 876 von *Karl dem Kahlen*, 877 von *Ludwig dem Stammler* abgelegt[11]. Andererseits hatte jeder Freie das Recht, zu überprüfen, ob der Herrscher seinen Eid hielt, ob er sich an das überkommene Recht hielt. Die Stellung des Freien zum Herrscher richtete sich nach dem Ergebnis dieser Prüfung[12]. Verletzte der Herrscher das überkommene Recht, so hatte jeder Freie die Befugnis, sich des Herrschers zu entledigen. Der Herrscher verlor dann ohne weiteres seinen Anspruch auf Treue und Gehorsam; das Volk konnte sich von ihm lossagen und einen neuen Herrscher wählen. Dabei hatte jeder einzelne selbst zu entscheiden, ob ein zu solcher Art von Widerstand berechtigender Fall einer Rechtsverletzung vorlag. Nach außen hin zeigte die Wahl eines neuen Herrschers das Ende der Herrschaft des alten Fürsten an. Diese Neuwahl fand ihre Berechtigung in dem in der ältesten Zeit formlosen Widerstandsrecht.

Von diesem Recht ist bei den Germanen besonders seit der Völkerwanderungszeit Gebrauch gemacht worden. Westgoten, Langobarden, Angelsachsen und Franken haben sich mit seiner Hilfe häufig der Herrscher entledigt, die aus bestimmten Gründen nicht tauglich erschienen. Wenn in diesen Fällen auch sicher vielfach nur persönliche Rivalitäten ausgetragen wurden und nach heutigen Begriffen dieses Widerstandsrecht sich in der Wahl eines Gegenkönigs erschöpfte, so ist doch nicht zu übersehen, daß es sich nach damaliger Rechtsanschauung eben nicht um einen Gegenkönig handelte, den man wählte und der den rechtmäßigen König bekämpfen sollte, sondern der neu gewählte war der rechtmäßige Herrscher, der allein Treue und Gehorsam zu fordern hatte. Kompliziert wurden die Dinge dadurch, daß es keine Institution gab, die allgemein verbindlich feststellen konnte, ob eine zum Widerstand berechtigende Rechtsverletzung des Herrschers vorlag.

---

[11] *Wolzendorff*, Staatsrecht und Naturrecht in der Lehre vom Widerstandsrecht des Volkes, 1916, S. 138 f.

[12] *Kern*, Gottesgnadentum und Widerstandsrecht im frühen Mittelalter, 2. Aufl. 1954, S. 156.

II. Das germanische Widerstandsrecht

Da Rechtsschutz gegenüber Rechtsverletzungen der Obrigkeit damals nach unseren heutigen Begriffen wenn überhaupt, dann jedenfalls nur sehr unvollkommen gewährt werden konnte, war das formlose Widerstandsrecht das einzige Mittel, sich gegen solche Rechtsverletzungen zur Wehr zu setzen. Geschützt wurden auf diese Weise Rechte aller Art: So wurde 887 im Ostfrankenreich *Karl der Dicke* zur Abdankung gezwungen und *Arnulf von Kärnten* zum König gewählt, weil sich Karl als unfähig erwiesen hatte, seine Untertanen vor den Normanneneinfällen zu schützen. Mit Recht sieht Mitteis[13] auch den Aufstand der Söhne *Ludwigs des Frommen,* der zu der erwähnten Kapitulation Ludwigs zu Kolmar führte, als eine Ausübung des Widerstandsrechts an, weil Ludwig 829 die in der Reichsordnung von 817 enthaltene Thronfolgeordnung, die bestimmte Rechte der älteren Söhne anerkannte und diese Rechte untereinander abgrenzte, zugunsten des nachgeborenen Sohnes Karl einseitig abgeändert hatte.

Aus fränkischer Zeit stammt die wohl älteste uns überlieferte Beurkundung eines Widerstandsrechts. Es handelt sich dabei um die sogenannten Straßburger Eide aus dem Jahre 842. Weil damals zum ersten Mal Sprachschwierigkeiten im Frankenreich auftraten, leisteten *Karl der Kahle* und *Ludwig der Deutsche* jeder den Eid in der Sprache, die im Reiche des anderen gesprochen wurde, um so sicherzustellen, daß die Anwesenden genau verstanden, was beschworen wurde. Der Anlaß für diese Eide war die Verbindung Karls des Kahlen und Ludwig des Deutschen zum Kampf gegen ihren Bruder *Kaiser Lothar.* Jeder der beiden Herrscher beschwor die ordnungsmäßige Ausführung der Vertragsverpflichtungen und entband seine eigenen Untertanen, sein eigenes Heer von der Treuepflicht für den Fall, daß er selbst den Vertrag verletzen und den übernommenen Verpflichtungen nicht nachkommen würde.

Hieran ist auffällig, daß ein Widerstandsrecht gewährt wird nicht wegen Rechtsbruches gegenüber den eigenen Untertanen, sondern wegen Nichterfüllung von Pflichten, die der eigene Herrscher einem anderen Herrscher gegenüber übernommen hat. Deshalb könnte man sagen, es handele sich um ein Widerstandsrecht wegen Verstoßes gegen völkerrechtliche Pflichten[14]. Immerhin kann man aber die Urkunde in

---

[13] a.a.O., S. 102.
[14] Interessant ist, daß im 14. und 15. Jahrhundert in verschiedenen Friedensschlüssen zwischen dem Deutschen Orden und Polen eine ähnliche Widerstandspflicht enthalten ist: Solange der Orden politisch das Übergewicht hatte, wurde den polnischen Ständen bei Vertragsbruch durch den König von Polen Widerstand zur Pflicht gemacht; umgekehrt wurde nach der Schlacht bei Tannenberg 1410 den preußischen Ständen im Frieden von Meldensee am 22. September 1422 eine solche Pflicht auferlegt. Vgl. dazu *Hofmann,* Der Staat des Deutschmeisters, 1964, S. 83 u. 85.

Bertram 2

das übliche Schema des Widerstandsrechts einreihen, wenn man sich vor Augen hält, daß das Frankenreich damals noch als ein einheitliches Reich galt. Eine Abgrenzung der Herrschaftsbereiche der Söhne Ludwigs des Frommen erfolgte erst ein Jahr später, im Jahre 843, durch den Vertrag von Verdun. Bis dahin mochte jeder der Brüder auch noch in der anderen Reichshälfte als Inhaber gewisser Herrscherbefugnisse angesehen werden, so daß in Straßburg letzten Endes doch ein Vertrag über innerstaatliche Pflichten abgeschlossen worden ist.

III. Widerstandsrecht und Lehnsrecht

Im frühen Mittelalter wurde das Verhältnis zwischen Herrscher und Untertanen weitgehend durch das Lehnsrecht bestimmt. Die Herrscher mußten zur Stärkung der Staatsgewalt ihre Stellung als oberster Lehnsherr mit heranziehen[15]. Eins der Grundprinzipien des Lehnsrechts war aber der alte Gedanke der gegenseitigen Treue. Wie im altgermanischen Staatsrecht führte diese gegenseitige Treuepflicht zum Widerstand gegen den Lehnsherrn, wenn dieser gegen das Recht verstieß, oder wenn dem Lehnsmann Treue gegenüber dem Lehnsherrn nicht zuzumuten war, weil er dann gegen ältere oder höherwertigere Rechte verstoßen haben würde. Im Lehnsrecht wurde aber aus praktischer Notwendigkeit heraus der alte formlose Widerstand als Rechtsschutzmittel langsam durch ein formales Recht ersetzt. Wenn nämlich Treue selbstverantwortliche Unterordnung ist, so mußte daraus nicht nur die Pflicht und das Recht hergeleitet werden, die Handlungen und Anforderungen des Lehnsherrn an der Rechtsordnung, an früheren Lehns- und damit Rechtspflichten zu prüfen, sondern es folgte daraus auch die Pflicht des Lehnsmannes, den Lehnsherrn bei Rechtsverletzungen zunächst durch Abmahnungen auf den Weg des Rechts zurückzuführen zu versuchen. Blieb das erfolglos, so konnte er die Treue feierlich aufkündigen[16]. Erst danach durfte er den Lehnsherrn aktiv bekämpfen[17]. In späterer Zeit mußte der verletzte Vasall zunächst vor einem Gericht von Lehnsgenossen (Lehnsgericht) — soweit ein solches gebildet worden war — sein Recht suchen. Erst wenn das vom Lehnsherrn verweigert wurde, erlosch die Treuepflicht[18].

Bei dem großen Einfluß, den das Lehnsrecht im Staatsleben erlangte, ist es nicht verwunderlich, daß es allmählich als selbstverständlich an-

---

[15] *Mitteis*, a.a.O., S. 275.
[16] „diffidatio" genannt.
[17] s. dazu *Wolzendorff*, a.a.O., S. 62, und *Mitteis*, Lehnrecht und Staatsgewalt, 1958, S. 81 f. u. 546.
[18] *Wolzendorff*, a.a.O., S. 62.

gesehen wurde, daß das Widerstandsrecht — in Übereinstimmung mit dem kirchlichen Recht — erst nach Erledigung eines förmlichen Verfahrens, wozu mindestens die erfolglose Abmahnung gehörte, ausgeübt werden dürfe. Das ist der Rechtszustand, wie er in der englischen *Magna Carta* von 1215 beurkundet ist. Darin ist bestimmt, daß sämtliche Barone des Landes aus ihrer Mitte 25 auszuwählen hatten, denen die Sorge dafür oblag, daß der Herrscher die Landesfreiheiten beachtete. Wurde eine Freiheitsverletzung durch den Herrscher bekannt, so hatten vier dieser Barone dies beim König zu rügen und die Abstellung der Rechtsverletzung und Wiedergutmachung zu verlangen. Wurde dem nicht binnen 14 Tagen entsprochen, dann sollten nicht nur die 25 Barone, sondern die Gesamtheit des Landes den König zwingen und ihn auf alle mögliche Art schädigen, bis dieser den Schaden wieder gutgemacht hatte. Danach schuldeten alle dem Herrscher wieder den vollen Gehorsam[19].

Ähnliches klingt im *Sachsenspiegel*, in welchem in Buch III, LXXVIII das Widerstandsrecht jedermann zuerkannt wird, dadurch an, daß in Buch III, LII dem Pfalzgrafen bei Rhein das Richteramt über den König zugesprochen wird.

Diese Lehre des Sachsenspiegels vom Richteramt des Pfalzgrafen mag zwar in Deutschland niemals buchstäblich zur Anwendung gekommen sein. Immerhin hat aber das Kurfürstenkollegium in Ausübung des alten Widerstandsrechts zweimal ein Richteramt über den König ausgeübt und diesen abgesetzt, nämlich einmal 1298, als *Adolf von Nassau* auf dem Fürstentag in Mainz abgesetzt und *Albrecht von Österreich* zum König gewählt wurde, zum andern im Jahre 1400, als *König Wenzel* auf dem Fürstentag in Oberlahnstein abgesetzt und *Ruprecht von der Pfalz* zum König gewählt wurde. Dieser Neuwahl war eine Ladung Wenzels zum Fürstentag vorausgegangen, wo er sich gegen die gegen ihn erhobenen Vorwürfe rechtfertigen sollte, aber nicht erschienen war.

IV. Das Widerstandsrecht im Ständestaat

Vom 13. Jahrhundert an traten neben die fürstliche Gewalt die Stände als zweiter Träger der Staatsgewalt. Dieser dualistische Staatsgedanke sah Landesfürst und Landstände als zwei verschiedene, eigenständige Körper an, die erst zusammen, im gemeinsamen Miteinanderwirken, den Staat bildeten. An diesem Gedanken ist im wesentlichen bis ins 16. Jahrhundert festgehalten worden, wenn auch die Bedürfnisse der

---

[19] *Wagner*, Magna Carta Libertatum, 1951, S. 39.

praktischen Politik auf Grund gegensätzlicher Interessen oft genug statt des Miteinander ein Gegeneinander dieser beiden Gewalten mit sich brachten.

Beide Träger der dualistischen Staatsgewalt sind aus jeweils eigener Wurzel entstanden. Die des Herrschertums reichte bis in die Spätantike und in die Völkerwanderungszeit zurück. Das Herrschertum stand bereit, die Erbschaft, die das Lehnswesen hinterlassen hatte, für den Aufbau des sich immer weiter ausdehnenden Staates einzusetzen. Es ruhte auch im germanischen und romanischen Europa auf sakral-magischer Grundlage: Bekanntlich hatte der französische König seit dem 11. und der englische König seit dem 12. Jahrhundert nicht persönlich, wohl aber kraft seines Amtes die Gabe, durch Handauflegen gewisse Krankheiten zu heilen. Das stimmte noch mit der alten germanischen Auffassung überein, wonach die königliche Sippe mit besonderem Heil begabt war. Dieser Heilsglaube würde — worauf mit Recht von *Brunner* hingewiesen worden ist[20] — an sich ausgereicht haben, in ganz Europa nach Auflösung des Lehnswesens einen religiös fundierten Despotismus auszubilden etwa in der Art, wie er in Byzanz und im russischen Zarentum sich entwickelte. Weil aber das Herrschertum in West- und Mitteleuropa in der Regel wohl die Möglichkeit hatte, eine Staatsorganisation zu schaffen, die den steigenden und sich ändernden Staatsaufgaben gerecht werden konnte, die insbesondere mit dem wachsenden Handel und dem wachsenden wirtschaftlichen Wohlstand seit den Kreuzzügen zusammenhingen, es aber nicht in der Lage war, die notwendigen finanziellen Mittel dafür zu beschaffen, kam es zur Ausbildung der dualistischen Staatsgewalt. Im frühen Mittelalter wurden die finanziellen Bedürfnisse der Hofhaltung und der eigentlichen Landesverwaltung außer dadurch, daß den Staatsdienern Lehen gegeben wurden, aus den Einkünften des Krongutes, aus Geschenken der Großen und dem Ertrag der Regalien gedeckt[21]. Als das später nicht mehr reichte, mußten die Lokalgewalten zur Finanzierung mit herangezogen werden, und es wurden allgemeine Abgaben, Steuern geschaffen.

Die Wurzel der Stände waren die zahlreichen bestehenden Lokalgewalten, die sich wegen ihrer finanziellen Macht und ihrer bestehen gebliebenen Rechte gegenüber dem Fürstentum zu behaupten vermochten. Ihre normsetzende und finanzierende Mitwirkung im Staate erwies sich überall für den Herrscher als unentbehrlich. Die Herrschermacht

---

[20] Vom Gottesgnadentum zum monarchischen Prinzip; der Weg der europäischen Monarchie seit dem hohen Mittelalter, in: Die Entstehung des modernen souveränen Staates, herausgegeben von Hanns Hubert Hofmann, 1967, S. 122.

[21] *Marré*, Die Entwicklung der Landeshoheit in der Grafschaft Mark bis zum Ende des 13. Jahrhunderts, 1907, S. 88.

IV. Das Widerstandsrecht im Ständestaat

reichte nirgends aus, auf die Dauer wirksam alle Staatsaufgaben zu erfüllen, alle öffentlichen Aufgaben restlos an sich zu ziehen und eine Regierung gegen die Rechte der vorhandenen Lokalgewalten zu behaupten. Auf diese Weise entstand nicht nur ein Raum, sondern auch ein echtes Bedürfnis für einen zweiten Träger der Staatsgewalt. Dessen Bildung wurde außerdem noch begünstigt durch eine „konstitutionelle Schwäche" in Form einer politischen Krisenanfälligkeit der herrscherlichen Gewalt[22].

Interessant ist, daß sich diese dualistische Staatsgewalt damals überall in West- und Mitteleuropa bildete, mit Ausnahme solcher Länder, in denen — wie z. B. in der Schweiz — ein landesherrliches Fürstentum fehlte. Auch dort, wo — wie z. B. in Brandenburg — sich die landesherrliche Gewalt ursprünglich nach dem Recht des Eroberers auf kolonialem Boden ungehemmt entwickeln konnte, bildeten sich lokale Sondergewalten als Landstände heraus, begünstigt allerdings durch die Schwäche der herrscherlichen Gewalt unter den wittelsbachischen und luxemburgischen Markgrafen im 14. Jahrhundert. Die Schwäche des Herrschers war aber nicht die Voraussetzung für die Bildung der Landstände. Denn auch das starke Königtum *Philipps des Schönen* in Frankreich hat die Stände um sich gesammelt, um in seinem Kampf gegen den Papst noch stärker zu sein. Es ist deshalb berechtigt, die Bildung der Stände als einen von der Schwäche des Herrschers manchmal zwar begünstigten, immer aber davon unabhängigen, durch die Erweiterung der staatlichen Aufgaben verursachten Vorgang anzusehen[23].

Der staatstragende Gedanke jener Zeit war nicht nur der Gedanke an Herrschaft, sondern auch der an Freiheit, nämlich an eine im Recht gesicherte ständische Freiheit. Diese wurde naturgemäß durch die steigende herrscherliche Macht, die sich zunehmend auf den Regalien aufbauen konnte[24], eingeengt und bedroht. Wie sich angesichts dieser natürlichen Spannungen im einzelnen Staatswesen die Machtverteilung zwischen den beiden Trägern der Staatsgewalt gestaltete, war äußerst unterschiedlich. Sie hing immer von der jeweiligen Situation ab und konnte im Laufe der Zeit wechseln. In einigen Territorien war das Übergewicht der Stände beträchtlich: So wurde im Ordensland Preußen durch die Finanznöte des Deutschen Ordens, die besonders seit der Schlacht bei Tannenberg im Jahre 1410 offenbar wurden, die Macht der Stände so groß, daß sie immer wieder den Friedensschluß mit dem pol-

---

[22] *Werner Näf*, Frühformen des modernen Staates im Spätmittelalter, in: Die Entstehung des modernen souveränen Staates, herausgegeben von Hanns Hubert Hofmann, 1967, S. 103.
[23] *Näf*, a.a.O., S. 103 f.
[24] *Theodor Mayer* im Nachwort zu: Hirsch, Die hohe Gerichtsbarkeit im deutschen Mittelalter, Nachdruck der 2. Aufl. 1958, S. 266.

nischen König erzwangen[25]. Für die Zeit nach der Säkularisation 1525 kann man das Land fast als eine Ständerepublik mit monarchischer Spitze bezeichnen, weil der den Ständen zugeordnete Kanzler den herzoglichen Verordnungen das Siegel verweigern konnte mit der Folge, daß dann den Verordnungen staatsrechtliche Wirksamkeit nicht zukam. In Polen war in späterer Zeit die Macht der Stände so groß, daß man dort von einer echten Adelsrepublik sprechen muß. In Brandenburg griff wegen der ständigen Geldnot der Kurfürsten der Einfluß der Stände allmählich auch auf die Außenpolitik über, die normalerweise nicht zur ständischen Zuständigkeit gehörte. Seit 1540 versprachen die kurfürstlichen Reverse immer wieder, auch in auswärtigen Angelegenheiten nichts ohne die Stände zu unternehmen. In Sachsen schließlich bestand im ganzen 17. Jahrhundert ein ständisches Obersteuerkollegium, welches in finanziellen Dingen im Lande den Ausschlag gab[26].

Wenn in jener Zeit die staatlichen Aufgaben erfüllt werden sollten, wenn also eine den gewachsenen Aufgaben gerecht werdende Regierung überhaupt möglich sein sollte, so bedurfte es der Einigung beider Träger der Staatsgewalt. Zwar standen dem Herrscher an sich unabhängige Herrschaftsrechte zu. Diese bezogen sich aber nur auf die richterliche und im geringen Umfange auf die administrative Ausübung des vorgegebenen alten Landesrechts. Die notwendige Weiterentwicklung des Rechts und die materielle Unterstützung der herrscherlichen Regierung durch Geld (Steuerbewilligung) waren schon immer an die Mitwirkung des Landes gebunden (Ein Reichsspruch von 1231 stellte fest, daß die Landesherrn bei der Bestimmung neuer Rechtspflichten an die Zustimmung „meliorum et maiorum terrae" gebunden seien) und erforderten deshalb eine echte Vereinbarung zwischen Herrscher und Ständen[27]. Außerdem stand den Ständen regelmäßig ein bestimmtes Kontrollrecht gegenüber der herrscherlichen Verwaltung zu, was dadurch ausgeübt wurde, daß die Stände ihnen nicht genehme Ratgeber aus dem fürstlichen Rat fernhalten konnten. Auf diese Weise sollte die richtige Verwendung der bewilligten Gelder und die Verwaltung des Landes nach dem bestehenden Recht gesichert, fürstliche Übergriffe ausgeschaltet werden. Das Steuerbewilligungsrecht wurde außerdem „abgesichert" durch Beschränkungen des Herrschers auf dem Gebiete des Münzwesens und die Notwendigkeit, bei Veräußerung oder Verpfändung von Landesteilen und bei Kriegsbeginn die Zustimmung der Stände einzuholen. Gerade diese dem Herrscher und den Ständen gemeinsam vorbehalte-

---

[25] *Hofmann*, Der Staat des Deutschmeisters, 1964, S. 79 u. 81.
[26] *Meisner*, Staats- und Regierungsformen in Deutschland seit dem 16. Jahrhundert, in: Die Entstehung des modernen souveränen Staates, herausgegeben von Hanns Hubert Hofmann, 1967, S. 324.
[27] *Näf*, a.a.O., S. 111; *Brunner*, a.a.O., S. 123.

nen Gebiete der Staatsführung waren diejenigen, die für die Entwicklung des Staates, für die Erfüllung seiner wachsenden Aufgaben entscheidend waren. Auf diese Weise erlangten die Stände bestimmenden Einfluß auf die Entwicklung ihres Staatswesens: Setzten sie diesen Einfluß wirklich für das Leben ihres Gemeinwesens ein, so ermöglichten sie eine echte Herrschaft im Sinne der fortschreitenden Entwicklung. Sie konnten aber auch zum endgültigen Hemmschuh für jede Entwicklung werden.

In vielen Ländern wurden die beiderseitigen Rechte in Übereinkünften zwischen Ständen und Herrscher grundsätzlich festgelegt[28]. Dabei erscheinen als ständische Rechte fast immer diejenigen, die oben erwähnt worden sind, allerdings in gewissen Varianten; außerdem erscheinen sehr oft in verschiedene Formen gebrachte Garantien für eine geordnete Rechtspflege. Die Gehorsamspflicht begann oft erst dann, wenn die ständischen Rechte gesichert erschienen. So waren z. B. die Stände in Lüneburg seit 1388, in Jülich-Berg seit 1429, in Aragonien seit 1461 erst dann zur Huldigung verpflichtet, wenn der Landesherr die überkommenen Rechte beschworen hatte. Das galt um dieselbe Zeit auch für zahlreiche Bischofsstädte, ferner z. B. für Salzwedel seit 1352, für München seit 1392 und für Berlin seit 1460[29]. In anderen Ländern war der dem Herrscher geschuldete Gehorsam, der in der nach dem Regierungsantritt geleisteten Huldigung feierlich gelobt wurde, auflösend bedingt: Verletzte der Herrscher die bei Regierungsantritt beschworenen Gerechtsame der Stände, so waren diese zur Gehorsamsverweigerung, also zum Widerstand, berechtigt. Diese Form der Verbriefung eines Widerstandsrechts findet sich z. B. in der Goldenen Bulle *König Andreas II. von Ungarn* aus dem Jahre 1222, in deren letztem Absatz es folgendermaßen heißt: „Wir bestimmen auch, daß, wenn wir oder einer unserer Nachfolger jemals dieser Anordnung zuwider handeln wollte, sowohl die Bischöfe wie die anderen Barone und Adligen unseres Königreichs, gemeinsam und einzeln, die jetzigen und späteren Geschlechter, ohne den Makel irgendwelcher Untreue (sine nota alicuius infidelitatis) für immer das Recht besitzen sollen, uns und unsern Nachfolgern zu widerstehen und zu widersprechen[30]." Die Bulle wurde 1231 von Andreas II. auf Verlangen des Landes erneuert. Dabei wurde unter päpstlichem Einfluß das weltliche Widerstandsrecht ausgelassen; der König unterwarf sich statt dessen der Exkommunikation durch die ungarischen Bischöfe. 1351 wurde aber das weltliche Wider-

---

[28] Diese Übereinkunft wurde im Reiche durch die Vereinbarungen beim Wahlakt des Königs erzielt.
[29] *Wolzendorff*, a.a.O., S. 174.
[30] Herrschaftsverträge des Spätmittelalters, herausgegeben vom historischen Seminar der Universität Bern, 1951, S. 15.

standsrecht wieder eingeführt[31]. 1687 verschwand es dann endgültig aus dem Verfassungseid der ungarischen Könige. In der berühmten Joyeuse Entrée von Brabant vom 3. Januar 1356 ist folgende Bestimmung über das Widerstandsrecht enthalten[32]: „... und sollten wir, unsere Erben oder unsere Nachkommen gegen einen der genannten Punkte, Artikel und Zusicherungen vorgehen, handeln oder handeln lassen, im ganzen oder teilweise, wie und in welcher Art es wäre, so billigen und bewilligen wir unsern guten Leuten, daß sie weder uns, noch unsern Erben, noch unsern Nachkommen jemals mehr einen Dienst leisten noch gehorsam sein sollen bis zu der Zeit, da wir ihnen dies vollkommen wiederhergestellt und gutgemacht haben." In den altbayrischen Freiheitsbriefen bestätigte der Landesherr den Ständen regelmäßig das Widerstandsrecht. 1302 hatten sich die Stände schon einer einseitig vom Landesherrn ausgeschriebenen Steuer erfolgreich widersetzen können. Ab 1311 stand ihnen allgemein ein Widerstandsrecht zu für den Fall, daß der Landesherr den im Freiheitsbrief zugesicherten Rechtszustand verletzte. Das wurde später — meist unter Bezugnahme auf die erste Festlegung — einfach wiederholt, und zwar am 21. März 1785 zum letzten Male[33]. Ähnliches war damals auch in anderen europäischen Ländern verbrieft. So galt z. B. in Polen nach dem Verfassungsentwurf von 1501, daß der Eid aller Untertanen aufgelöst war, wenn der König einem Magnaten Unrecht oder Schaden zufügte; der Geschädigte durfte ohne Kränkung seiner Ehre die Hilfe anderer gegen den König als einen Feind und Tyrannen anrufen. Nach den *articuli Henriciani* von 1573 hatte der Adel das Recht, dem König den Gehorsam aufzukündigen, falls dieser sich Rechtsverletzungen zuschulden kommen ließ. Ausführlicher bestimmte der *articulus de non praestanda oboedientia* in der Konstitution von 1607: Wenn der König eines Untertanen Freiheit oder Recht verletzt, so soll dieser bei den Senatoren seiner Landschaft klagen. Diese sollen an den Primas berichten; nach Beratung des Senats soll dieser den König zur Abstellung des Unrechts ermahnen. Ist dies vergeblich, so soll der gesamte Reichstag diese Ermahnung aussprechen. Bleibt auch das erfolglos, so gilt der König als des Thrones verlustig. — In Schweden bestimmte noch die Regierungsform von 1720: „Die Stände sind ihres Treu- und Huldigungseides ledig, sofern der König seinen Eid und sein Gelöbnis verletzt oder überschreitet, was etwa sonst noch die Stände für des Landes Wohlfahrt, der Religion Schutz und für ihre eigene Sicherheit zu beschließen für nötig erachten möchten."

---

[31] *Mitteis*, Der Staat des hohen Mittelalters, S. 469.
[32] Herrschaftsverträge, a.a.O., S. 65.
[33] Es heißt z. B., daß die Stände sich wehren und sich widersetzen sollen, ohne daß ihnen das später entgolten werden darf. Vgl. dazu *Wolzendorff*, a.a.O., S. 28 f.

IV. Das Widerstandsrecht im Ständestaat

Nun darf allerdings nicht übersehen werden, daß in diesen berühmten Beurkundungen eines Widerstandsrechts dieses Recht außerordentlich scharf zugespitzt erscheint. Das beruht auf den jeweiligen besonderen politischen Verhältnissen: Polen war eine Adelsrepublik und nur dem Namen nach eine Monarchie. In Schweden waren 1720 die Stände und nicht der König das höchste Staatsorgan; der König war verpflichtet, allezeit dem zuzustimmen, was die Stände beschlossen, weil diese berechtigt waren, Gesetze und Verordnungen zu erlassen, wie sie es zum Besten des Landes für nötig hielten.

Ein besonders wichtiger Punkt in diesen Vereinbarungen zwischen dem Landesherrn und den Ständen war naturgemäß die Sicherung der festgelegten ständischen Rechte gegen fürstliche Übergriffe. Das war deswegen so wichtig, weil den Ständen zwar Mitwirkungsrechte, aber keine eigenen Machtmittel zur Verfügung standen. Die staatlichen Machtmittel in Form der sich allmählich ausbildenden Verwaltung und in Form der bewaffneten Macht unterstanden allein dem Fürsten. Die Gefahr von Übergriffen war darum groß. Eine Gerichtsbarkeit, die gegen Rechtsverletzungen durch den Landesherrn hätte angerufen werden können und — was noch viel wichtiger als das Bestehen einer Gerichtsbarkeit ist — deren Urteile hätten durchgesetzt werden können, gab es noch nicht. Mit dem Abbau des Lehnswesens verschwanden auch die Lehnsgerichte. Das einzige Mittel zur Sicherung der ständischen Rechte war deshalb das Recht, bei Übergriffen des Herrschers Widerstand zu leisten. Mit Hilfe dieses Rechts vermochten sich die Stände gegenüber der langsam steigenden herrscherlichen Macht lange Zeit zu behaupten. Das ist der reale Grund, weshalb dieses wichtigste Recht der Stände so häufig in den Herrschaftsverträgen ausdrücklich niedergelegt worden ist. Dabei blieben die früher im Lehnswesen ausgebildeten prozessualen Formen für die Feststellung eines Widerstandsfalles im wesentlichen erhalten. Gänzlich weggefallen sind sie nirgends mehr, sie sind höchstens zusammengeschrumpft auf die Pflicht zur Abmahnung des Herrschers, nach deren Erfolglosigkeit erst das Widerstandsrecht ausgeübt werden durfte[34]. Diese Abmahnung findet sich schon in der Magna Carta, worauf bereits hingewiesen worden ist. Ähnliches ist in der sogenannten Lüneburgischen Sate von 1392 bestimmt, die dann 1471 nochmals bestätigt worden ist. *Schiller* erwähnt im „Wilhelm Tell" in der Rütli-Szene ausdrücklich die Notwendigkeit der Abmahnung vor Ausübung des Widerstandsrechts[35].

Widerstand bestand in allen Fällen, auch dort, wo darüber ausdrücklich nichts gesagt worden ist, in bewaffnetem Widerstand. Die

---

[34] *Wolzendorff*, a.a.O., S. 64.
[35] *Waider*, in: ZStW 1968, 389 ff.

Grenze war allerdings die Unantastbarkeit der Person des Herrschers[36]. Das Widerstandsrecht berechtigte normalerweise auch nicht mehr zur Absetzung des Herrschers[37]. Nur dort, wo dies ausdrücklich verbrieft worden war, bestanden weitergehende Rechte. Das war z. B. in Polen der Fall, wo den Ständen seit 1607 zweifellos ein Recht zur Absetzung des Königs zustand, wenn er ihren Beschwerden nicht abhalf, und in Dänemark, wo die Stände seit 1466 das Recht hatten, dem an sich berufenen Thronfolger die Anerkennung als Herrscher zu verweigern, wenn er sich seinerseits weigerte, die Landesfreiheiten zu bestätigen[38]. Ähnlich lagen die Verhältnisse in Mecklenburg-Strelitz. Dort hatte *Herzog Heinrich* am 25. September 1304 zunächst der Stadt Friedland, dann auch dem ganzen Lande Stargard die Freiheiten und Rechte zugesichert, die sie seit Menschengedenken und von alters her genossen hatten. Wenn der Herzog oder seine Nachfolger gegen diese Zusicherung verstießen, hatten alle Vasallen und Städte das Recht, den jeweiligen Markgrafen von Brandenburg oder — wenn dieser sich weigerte — einen beliebigen anderen Herrn sich zu erwählen, um sie in ihren Freiheiten und Rechten zu verteidigen. 1345 erhielt Rügen das Recht, sich im Widerstandsfall einem jeden fremden Herrn zuwenden zu dürfen, welcher den Ständen nützlich und genehm erschien. Ähnliche Rechte gewährten 1346 die pommerschen Herzoge an das Land Stolp: Im Widerstandsfall war den Rittern und der Stadt Stolp erlaubt, ohne Beeinträchtigung ihrer Ehre einen fremden Herrn zu wählen. Die Herrschaft des erwählten Fürsten dauerte aber nur so lange, bis die Herzoge von Pommern mit „freundschaftlichen Verhandlungen und Verträgen" wieder das Land für sich gewinnen konnten[39]. Insofern war also diese Unterstellung unter einen anderen Fürsten etwas anderes als die Neuwahl eines anderen Herrschers im Widerstandsrecht der germanischen Zeit, die damals immer endgültigen Charakter hatte.

Besondere Bedeutung hatte das Widerstandsrecht im Verhältnis zwischen den aufstrebenden und kapitalkräftigen Städten und ihren Landesherrn. Gerade die Städte erhielten oft das Recht zuerkannt, sich im Widerstandsfall einem andern Herrn zu unterstellen. So erhielten schon 1282 Stendal, Tangermünde und Osterburg dieses Recht; 1348 erhielten es Berlin und Kölln an der Spree. Der Stadt Soest stand ein solches Recht ebenfalls zu; seine Ausübung war der Grund für den Vertrag von 1444, in welchem sich die Stadt von ihrem bisherigen Herrn, dem

---

[36] Das war als alte, aus dem Lehnswesen überkommene Vorstellung selbstverständlich: auch nach der Gehorsamsaufkündigung durch den Vasallen war die Person des Lehnsherrn unverletzlich.
[37] *Wolzendorff*, a.a.O., S. 54; *Heyland*, a.a.O., S. 26.
[38] *Wolzendorff*, a.a.O., S. 25 f.
[39] *Wolzendorff*, a.a.O., S. 30 f.

IV. Das Widerstandsrecht im Ständestaat 27

Erzbischof von Köln, abwandte und sich dem Herzog von Cleve unterstellte, welcher die hergebrachten Freiheiten der Stadt bestätigte. Dieser Vertrag ist zuletzt noch 1771 von *Friedrich dem Großen* und 1798 von *Friedrich Wilhelm III.* von Preußen bestätigt worden.

Die große Bedeutung, die dem Widerstandsrecht im Ständestaat zukam, beruhte einmal darauf, daß es eine Sicherungsfunktion für die Macht der Stände erfüllte und dadurch den Ausbau der dualistischen Staatsgewalt sicherstellte. Das verhinderte die sonst mögliche Ausbildung eines Cäsaropapismus nach dem Muster von Byzanz oder dem russischen Zarismus. Darauf ist schon einmal hingewiesen worden.

Daneben ist aber die wesentlichste, weil in der Staatspraxis augenfälligste, Bedeutung des ständischen Widerstandsrechts darin zu sehen, daß erstmals — wenn auch nur mittelbar — die Individualrechtssphäre aller Untertanen geschützt wurde. Auf Grund der besonderen Eigenart der ständischen Staatsverfassung kamen alle Rechtseinrichtungen, die die Stände unmittelbar privilegierten, gleichzeitig den Untertanen zugute. So bildete das Steuerbewilligungsrecht zwar den Schwerpunkt der ständischen Machtinteressen gegenüber dem Herrscher; gleichzeitig wurden die Untertanen aber durch dieses Recht der Stände vor einer rücksichtslosen Befriedigung des fürstlichen Geldhungers bewahrt. Zwar stärkte die Einflußnahme der Stände auf die Zusammensetzung des fürstlichen Rates zunächst ihre eigene Macht; es nutzte aber auch allen Untertanen, wenn diese Stellen nicht mit landfremden, des heimischen Rechts unkundigen Leuten besetzt werden durften, die sich leicht als gefügige Diener fürstlicher Willkür hätten zeigen können. Das Verbot der Veräußerung oder Verpfändung einzelner Landesteile ohne die Zustimmung der Stände diente, da praktisch nur finanziell leistungsfähige Landesteile verpfändbar waren, zugleich einer allen Teilen zugute kommenden gesunden staatlichen Entwicklung[40]. So gehörte die Wahrung der Interessen der Gesamtheit der Untertanen wesentlich zur Rechtsstellung der Stände und das ihnen zum Schutz ihrer Rechte und Freiheiten gegebene Widerstandsrecht bedeutete zugleich das einzige wirksame Rechtsschutzmittel für die Interessen der einzelnen Untertanen, obgleich ihnen unmittelbar kein Widerstandsrecht zukam, dieses vielmehr allein den Ständen als solchen zustand.

Unter diesen Umständen war die Erhaltung dieses äußersten Rechtsschutzmittels der Stände zugleich ein dringendes Bedürfnis für die Untertanen, und zwar mindestens solange und soweit, wie eine Gerichtsbarkeit nicht bestand oder auch gerichtliche Entscheidungen nicht durchsetzbar waren. Sobald die Gerichtsbarkeit in der Lage war, den

---

[40] s. dazu *Wolzendorff*, a.a.O., S. 76.

Rechtsschutz, den das Widerstandsrecht bot, zu übernehmen, trat auch nach damaliger Rechtsauffassung das Widerstandsrecht als Selbsthilferecht zurück. So enthielt z. B. schon der Mainzer Reichslandfriede von 1235 eine Bestimmung, die Fehdehandlungen vor Ausschöpfung des Rechtsweges verbot[41]. In den Stadtrechten brachte die Einrichtung bürgerlicher Sühnegerichte ein Fehdeverbot soweit mit sich, wie die Zuständigkeit des Sühnegerichts reichte[42]. Später wurde das Widerstandsrecht soweit als überflüssig und mit dem Ewigen Landfrieden von 1495 unvereinbar bezeichnet, als das Reichskammergericht Schutz gegen Verletzungen der Landesfreiheiten, die an sich zum Widerstand berechtigt hätten, zu gewähren vermochte[43].

V. Theoretische Begründungen für das Widerstandsrecht seit dem Mittelalter

In der Zeit des Ständestaats, als das Widerstandsrecht eine typische Erscheinung des Staatsrechts war, tauchten auch erstmals theoretische Begründungen für dieses Recht auf. Nach dem „defensor pacis" des *Marsilius von Padua* sollte die Mehrheit der freien und erwachsenen Männer der eigentliche Herrscher im Staate sein; den Fürsten sah er als den regierenden Bürger an, also als ein Organ des eigentlichen Herrschers. Deshalb sollte der Fürst auch wegen Überschreitung der ihm übertragenen Befugnisse zur Rechenschaft gezogen werden können und besondere Organe sollten ihn seines Amtes entheben können[44]. *Lupold von Bebenburg* leitete ebenfalls aus den Gedanken einer Volkssouveränität ein Recht der Kurfürsten — als Repräsentanten der Gesamtheit — zur Absetzung des Herrschers her[45]. Andere, wie z. B. *Nikolaus von Cues*, lehnten sich mehr an die erstmals von *Manegold von Lautenbach* im „liber ad Gebehardum" zwischen 1083 und 1085 entwickelte Lehre vom Herrschaftsvertrag an. Bei Manegold diente dieser Vertrag nur zur Begründung der Einsetzung eines Herrschers, nicht zur Begründung des Staates überhaupt. Nach seiner Ansicht sollte das Volk vertraglich die oberste Herrschergewalt als ein Amt ganz oder teilweise auf den Fürsten übertragen haben unter der Bedingung, daß dieser gerecht regiert, also das geltende Recht achtet und niemanden in seinen Rechten schmälert. Erfüllte er diese Bedingung nicht, so sollte das Volk von der Gehorsamspflicht frei sein und durch die Stände als

---

[41] *Heyland*, a.a.O., S. 24.
[42] Vgl. *Planitz*, Die deutsche Stadt im Mittelalter, 1954, S. 112.
[43] *Zycha*, Deutsche Rechtsgeschichte der Neuzeit, 2. Aufl. 1949, S. 96.
[44] s. dazu *Heyland*, a.a.O., S. 28.
[45] s. dazu *Wolf*, Große Rechtsdenker, 3. Aufl. 1951, S. 27 ff.

V. Theoretische Begründungen für das Widerstandsrecht

seine Repräsentanten Widerstand leisten können, gegenüber dem König allerdings erst dann, wenn ihn die römische Synode abgesetzt hatte. Hierin zeigte sich die politische Tendenz der Schrift Manegolds[46]. Die Lehre vom Herrschaftsvertrag entsprach der tatsächlichen Verfassung des Ständestaats in weitem Maße; deshalb fand sie auch weite Verbreitung.

Als dann im Reformationszeitalter die Macht der Stände sank und dem Staate kraft seines Wesens, nicht mehr kraft eines Vertrages höchste Machtvollkommenheit zukommen sollte — 1577 erschienen Bodins „Six livres de la Republique" — geriet die religiöse Bewegung besonders in Frankreich, England und den Niederlanden beim Versuch, ihre Lehre durchzusetzen, mit dieser mächtiger gewordenen Staatsgewalt in heftige Kämpfe. Dabei fand sie in der ständischen Opposition einen natürlichen Verbündeten. Für die Begründung des Kampfes gegen den Herrscher spielte das Widerstandsrecht naturgemäß eine bedeutende Rolle; seine rechtstheoretische Begründung wurde nun den neuen Gegebenheiten angepaßt.

Calvin lehrte in seiner „Institutio religionis Christianae" aus dem Jahre 1559 kurz zusammengefaßt folgendes: Die einzelnen Untertanen hätten kein Recht zum Widerstand; wenn aber bestimmte Organe oder Behörden des Staates eingesetzt seien, um die fürstliche Willkür einzuschränken — das waren in der Praxis die Landstände — dann hätten diese Organe auch die Pflicht, Ausschreitungen des Herrschers entgegenzutreten. Der Einführung einer neuen Ordnung diente dieses Widerstandsrecht aber nicht, sondern es wurde als Bestandteil des geltenden Rechts verstanden, welches nur dem Schutz der Untertanen gegen eine tyrannische Obrigkeit diente. Durch die Einbeziehung der Stände hat Calvin seine Lehre vom Widerstandsrecht eigentlich völlig dem geltenden Staatsrecht entnommen; sie wirkt wie eine Analyse des bestehenden Rechtszustandes[47].

Genauso wie Calvin gingen auch die *Monarchomachen* vom damals geltenden Widerstandsrecht der Stände aus, was sich z. B. darin zeigt, daß sie überwiegend vor Ausübung des Widerstandsrechts eine Abmahnung des Herrschers forderten. Darüberhinaus verwendeten sie aber auch naturrechtliche Gedankengänge.

Als Begründer der monarchomachischen Lehre wird *Hotman* mit seiner 1573 erschienenen Schrift „Francogallia" angesehen. Er kam darin nach einer Würdigung der französischen Verhältnisse zu dem Schluß, daß in allen gut regierten Staaten den Landständen die Wah-

---

[46] Vgl. dazu *Wolzendorff*, a.a.O., S. 11.
[47] *Heyland*, a.a.O., S. 31 f.; s. auch *Wolf*, Das Problem des Widerstandsrechts bei Calvin, in: Pfister und Hildmann, a.a.O., S. 45 ff.

rung der Volksrechte gegenüber dem König zustehe. Wenn der König den Ständen diese Rechte nicht einräume, dann sei er als Tyrann der menschlichen Gemeinschaft nicht mehr teilhaftig. Diese Ansicht ging als allgemeines Prinzip, wie es Hotman darstellte, über Calvins Ansichten hinaus. Ein Widerstandsrecht der Stände lehrte Hotman zwar nicht ausdrücklich; es folgte aber an sich ohne weiteres aus deren rechtlicher Stellung, wie er sie in seiner Schrift darlegte[48].

Diese Lehren erschienen ähnlich bei *Beza*, einem Schüler Calvins. Beza verbot dem einzelnen, sich dem Fürsten zu widersetzen, legte aber gleichzeitig in der sogenannten Magdeburger Schrift (De iure magistratum) von 1573 den Ständen als Vertretern des Volkes das Recht und auch die Pflicht auf, Gewalt und Rechtsbeugung des Fürsten zu widerstehen. Über diesen, dem positiven Staatsrecht entnommenen Satz hinaus billigte er auch noch der „niederen Obrigkeit" ein Recht und eine Pflicht zum Widerstand gegen einen tyrannischen Herrscher zu[49]. Das fand im positiven Staatsrecht keine Stütze mehr, war vielmehr nur naturrechtlich zu begründen. In einer späteren, 1582 erschienenen Schrift hielt Beza dieses Widerstandsrecht der niederen Obrigkeit übrigens nicht mehr aufrecht, sondern kehrte allein zu dem staatsrechtlich anerkannten Widerstandsrecht der Stände zurück.

In der 1574 unter dem unmittelbaren Eindruck der Bartholomäusnacht entstandenen Schrift „Vindiciae contra Tyrannos" lehrte *Philippe du Plessis-Mornay*, daß nicht den einzelnen, sondern nur den Ständen ein Recht zum Widerstand zustehe, denen allein der Schutz des einzelnen obliege. Die sich selbst nicht schützen könnten, könnten auch den Staat nicht schützen, so meinte er. Wenn die Stände gegen Rechtsverletzungen des Herrschers keinen Widerstand leisteten, so müsse das Volk grundsätzlich den tyrannischen Herrscher ertragen. Wenn die Stände allerdings selbst Tyrannei übten oder wenn sie die Obrigkeit von dem ihr zukommenden Teil der Staatsgewalt fernhielten, dann dürften die Untertanen sich selbst helfen und Widerstand leisten. Wenn die zum Schutz der Untertanen berufenen Instanzen versagten, dann habe Gott selbst das Zeichen zur Selbsthilfe gegeben, die damit erlaubt sei[50].

Der Schotte *George Buchanan*, wohl der berühmteste der Monarchomachen, faßte in der 1579 erschienenen Schrift „De iure Regni apud Scotos Dialogus" die Versprechungen des Herrschers beim Regierungs-

---

[48] s. *Wolzendorff*, a.a.O., S. 100; Hotman hat später diese Ideen gänzlich aufgegeben, vgl. dazu *Schnur*, Die französischen Juristen im konfessionellen Bürgerkrieg, 1962, S. 43.
[49] *Göhring*, Weg und Sieg der modernen Staatsidee in Frankreich, 1946, S. 91; *Wolzendorff*, a.a.O., S. 102 f.
[50] *Göhring*, a.a.O., S. 92; *Wolzendorff*, a.a.O., S. 105 ff.

V. Theoretische Begründungen für das Widerstandsrecht

antritt in Verbindung mit der Huldigung als einen Herrschaftsvertrag auf, der durch eine Verletzung seitens des Herrschers hinfällig werde. Dadurch werde der Herrscher zum Volksfeind, gegen den Krieg zu führen erlaubt sei. Wer diesen zu führen hat, wird nicht ausdrücklich gesagt. Nach dem Gesamtbild der Ausführungen Buchanans wird man aber annehmen müssen, daß diese Ausübung des Widerstandsrechts den Ständen zusteht[51].

Die Widerstandslehre des spanischen Jesuiten *Mariana* (z. B. 1605 in Mainz veröffentlicht) ging genau wie die Lehre der protestantischen Monarchomachen von den rechtlichen und politischen Zuständen aus. Er sah die Macht im Ständestaat zwischen Ständen und Fürsten so aufgeteilt, daß die ersteren die größere Macht hatten. Obwohl die Herrscherrechte erblich seien, würden sie dem neuen Herrscher doch erst durch die Huldigung bekräftigt. Daraus schloß Mariana, daß die königliche Gewalt in den Ständen ihren Ursprung habe und daß die Stände den Herrscher zur Verantwortung ziehen könnten, wenn die Sachlage dies erfordere. Wolle der Herrscher auf die Mahnung der versammelten Stände hin, die den Widerstandsfall festzustellen hätten, nicht Vernunft annehmen, dann könne er seiner Stellung beraubt werden. Notfalls könnten dann die Stände mit Waffengewalt gegen ihn vorgehen. Wenn eine Versammlung der Stände zur Feststellung des Widerstandsfalles nicht möglich sei, so sollte bei offenbaren und unerträglichen Verbrechen das Widerstandsrecht auch ohne diese Versammlung ausgeübt werden dürfen[52].

Luther hat keine theologische Begründung für ein Widerstandsrecht gegeben. Er hat in dieser Frage geschwankt. Es mag sein, daß dies darauf zurückzuführen ist, daß das positive Recht nicht mit den Geboten des Evangeliums übereinstimmte[53]. Einem Recht zum aktiven Widerstand stand Luther ziemlich ablehnend gegenüber. Ursprünglich hielt er wohl ein Widerstandsrecht gegen den Kaiser auch dann für unzulässig, wenn die Sache des Evangeliums auf dem Spiel stand, und zwar deshalb, weil die Sache des Evangeliums menschlicher Hilfe nicht bedürfe, es vielmehr Gottes Sache sei, zu seiner Zeit einzugreifen. Außerdem hat bei der Ablehnung des Widerstandsrechts auch der Gedanke eine Rolle gespielt, daß nach der Bibel jede Obrigkeit von Gott eingesetzt ist. In späterer Zeit erkannte Luther dann ein Widerstandsrecht als weltliches Recht der Fürsten und Stände gegen den Kaiser an. Er meinte, daß der Christ Widerstand leisten dürfe, wenn das positive weltliche Recht diesen als eine Art Rechtsmittel gegen Willkür vorsähe.

---

[51] *Wolzendorff*, a.a.O., S. 108 ff.
[52] s. dazu *Wolzendorff*, a.a.O., S. 117 ff.
[53] *Heyland*, a.a.O., S. 38.

Widerstand sollte aber grundsätzlich passiver Widerstand sein. Eine Ausnahme ließ er nur für den Tyrannen der Apokalypse, das Tier aus dem Abgrund zu, welches für ihn keine Obrigkeit mehr war. Dagegen sollte der Untertan in einer Art Notwehr das Schwert ergreifen dürfen[54].

Die berühmteste, eingehendste und einflußreichste Darstellung der Lehre vom Widerstandsrecht findet sich in dem erstmals 1603 erschienenen Werk des *Johannes Althusius* (1557—1638) „politica methodice digesta et exemplis sacris et profanis illustrata"[55]. Er stellte neben den Herrschaftsvertrag, durch den der Herrscher in seine Stellung eingesetzt wird, erstmals einen weiteren, staatsbegründenden Vertrag, durch welchen sich die einzelnen zum Staate zusammenschließen. Er leitete so letztlich das Recht der staatlichen Gemeinschaft aus dem Recht des einzelnen Bürgers ab und kann deshalb als der eigentliche Schöpfer der Lehre von der Volkssouveränität gelten. Die Rechtsstellung des Herrschers, des „summus magistratus", bestand nach Althusius nur auf Grund des Herrschaftsvertrages und nur in dem Umfang, wie dort die Übertragung der Rechte stattgefunden hatte. Da die Rechte des Volkes unveräußerlich sind, können sie auch nur unter der Bedingung ihrer gerechten Ausübung und nur widerruflich auf den Herrscher übertragen werden. Neben dem Herrscher haben auch die Stände, die Althusius Ephoren nennt, Anteil an der Regierung. Durch die Konstruktion eines Auftrages der Volksgesamtheit an die Stände hat Althusius deren Stellung als Vertreter des Volkes bedeutsamer gestaltet, als dies dem Staatsrecht der damaligen Zeit entsprach. Insoweit ist er über das positive Recht hinausgegangen und hat seine Auffassung mit naturrechtlichen Gedanken, auf die hier im einzelnen nicht eingegangen werden kann, begründet. Die Ephoren haben insbesondere im Namen und im Auftrag des Volkes dessen Rechte gegenüber dem Herrscher wahrzunehmen. Sie haben den Herrscher zu wählen, gegebenenfalls einen „Reichsverweser" zu bestimmen und bis zur Neuwahl eines Herrschers selbst die Regierung zu führen. Zu allen erheblichen Staatsgeschäften ist ihre Zustimmung erforderlich. Sie haben auch den Herrscher zu beraten, ihn notfalls zu ermahnen und die dem Volke vorbehaltenen Rechte gegen den Herrscher zu verteidigen. Handelt dieser pflichtwidrig, hebt er entgegen der beschworenen Treue die Grundlagen des Staatswesens beharrlich auf, und bricht er Gebote des göttlichen Rechts und naturrechtliche Grundsätze — wofür Althusius zwölf typische Fälle aufzählt — dann haben die Ephoren Widerstand zu

---

[54] *Brunner*, Luther und die Welt des 20. Jahrhunderts, 1961, S. 32—35; *Heckel*, Die Stellungnahme der Kirche der Reformation — die Lutheraner, in: Pfister und Hildmann, a.a.O., S. 41.

[55] Neuausgabe von Carl Joachim Friedrich, Cambridge 1932.

V. Theoretische Begründungen für das Widerstandsrecht

leisten und notfalls den Herrscher abzusetzen[56]. Das Widerstandsrecht steht nicht den einzelnen, sondern nur den Ephoren zu, und zwar sowohl ihnen in ihrer Gesamtheit, als auch jedem einzelnen von ihnen. Ihnen steht auch das Recht zu, sämtliche Untertanen zum Widerstand aufzurufen. Wer diesem Aufruf nicht folgt, macht sich des Landesverrats schuldig. Die Ephoren sind wohl im Widerstandsfalle zur Verteidigung der ihnen anvertrauten Untertanen verpflichtet, dürfen dafür aber nicht außerhalb des ihnen zugewiesenen Bezirks Widerstand leisten. Althusius stellte außerdem formelle Voraussetzungen für die Ausübung des Widerstandsrechts auf: Die Tyrannei muß notorisch sein; daß sie das ist, muß in einem förmlichen Verfahren in einer Ständeversammlung festgestellt werden. Außerdem müssen die Ephoren von dem Herrscher die Abstellung der Beschwerden erfolglos verlangt haben, und alle anderen Mittel zur Beseitigung der Schäden der Tyrannei müssen vorher versucht worden, aber erfolglos geblieben sein. In diesen Voraussetzungen zeigt sich der Charakter des Widerstandsrechts als eines Rechtsbehelfs zum Schutze der Volksrechte gegenüber dem Herrscher ganz klar. Widerstand war also bei Althusius nicht die Erlaubnis zum Aufruhr für einzelne Unzufriedene, sondern ein Recht, welches in legalem Rahmen von Inhabern bestimmter staatlicher Funktionen mit bestimmten Mitteln ausgeübt werden durfte.

Dieses Widerstandsrecht war bei Althusius letzten Endes religiös begründet. Das Volk ist Gottes Volk, und seine Regierung ist — selbst als heidnische Regierung — an Gottes Gesetz gebunden. Versagt oder entartet der vom Volk beauftragte Herrscher, so hat das Volk das Recht und als Gemeinde Gottes sogar die religiöse Pflicht, den von Gott gewollten Zustand wieder herzustellen. Das darf allerdings nicht willkürlich, sondern nur in den erwähnten geordneten Bahnen geschehen[57].

Interessant ist die Stellung des 1645 verstorbenen *Grotius* zum Widerstandsrecht. Er sieht ein solches Recht als im Prinzip mit dem Sozialvertrag unvereinbar an, weil er es für unvereinbar hält mit dem Zweck des Zusammenschlusses zum Staat. Gleichwohl läßt er aber so viele Ausnahmen von diesem Prinzip zu, daß es praktisch einer Anerkennung des Widerstandsrechts mindestens in dem Umfange gleichkommt, in welchem es im Staatsrecht anerkannt war. Die wichtigste dieser Ausnahmen, in denen er also ein Widerstandsrecht zuläßt, ist die, daß dem Herrscher, dem nur ein Teil der Staatsgewalt zusteht, während der andere Teil bei den Ständen liegt, dann widerstanden werden darf, wenn er seine Zuständigkeit auf Kosten der Stände zu erweitern sucht,

---

[56] *Gierke*, Johannes Althusius und die Entwicklung der naturrechtlichen Staatstheorien, 4. Aufl. 1929, S. 29 ff.
[57] Vgl. *Wolf*, Große Rechtsdenker, S. 192.

oder wenn er gegen die ihm in den Landesfreiheiten auferlegten Bindungen verstößt[58].

Die Widerstandslehre der Monarchomachen und besonders des Althusius haben auch noch in späterer Zeit in der Rechtswissenschaft nachgewirkt. Sie stellten die ersten gründlichen theoretischen Begründungen des im damaligen Staatsrecht geltenden Widerstandsrechts dar. Interessant ist, daß sich im Zeitalter der Glaubenskämpfe in Frankreich (Ende des 16. Jahrhunderts) eine *Manierismus* genannte Lehre entwickelte, die aus dem langen konfessionellen Bürgerkrieg die Folgerung zog, daß eine Verwirklichung allgemein anerkannter Werte im öffentlichen Leben nicht mehr möglich sei, daß es also für den Staat nur noch gelte, eine formelle Ordnung zu verwirklichen. Diese Lehre konnte auch ein Widerstandsrecht aus konfessionellen Gründen, wie es letztlich die Monarchomachen anerkannten, nicht mehr gelten lassen; sie hielt nur noch ein auch bei Bodin zu findendes Widerstandsrecht aus rein formellen Gründen, z. B. bei Außerachtlassen der Thronfolgeordnung, für gegeben[59].

VI. Das Widerstandsrecht im absoluten Staat

Im Zeitalter des Absolutismus gelang es den Herrschern, die alten ständischen Rechte nach und nach zu beseitigen. Die Stände als Einrichtung wurden zwar nicht angetastet — sie hatten z. B. in Frankreich die Regierung *Ludwigs XIV.* überstanden und konnten 1789 wieder einberufen werden — sie übten aber keine Funktionen mehr aus, wurden nicht mehr einberufen, und die Herrscher machten sich immer unabhängiger von ihnen. Das konnten sie, weil nun die Staatsgewalt als eine einheitliche, unteilbare, in der Person des Herrschers zusammengefaßte höchste Gewalt gesehen wurde. Der Inhaber der Staatsgewalt erschien berechtigt, sich über das im Staate geltende Recht, über Vereinbarungen mit den Ständen und über Privilegien aller Art hinwegzusetzen, wenn dies aus Gründen der Staatsnotwendigkeit, über deren Vorliegen er allein entscheiden konnte, unumgänglich notwendig war. Der Untertan hatte dem Herrscher unbedingten Gehorsam zu leisten; diese Gehorsamspflicht war nicht mehr an die Bedingung der Beachtung des geltenden Rechts und der bestehenden Vereinbarungen gebunden.

Das bedeutete allerdings noch nicht, daß dem Herrscher jede Willkür gestattet war. Es blieb nach wie vor das Ziel des staatlichen Handelns, den „Wohlstand" der Staatsbürger zu heben. Besonders im aufgeklärten absolutistischen Wohlfahrts- und Polizeistaat wurden die uralten Ge-

---

[58] s. dazu auch *Wolzendorff*, a.a.O., S. 248 ff.
[59] *Schnur*, Individualismus und Absolutismus, 1963, besonders S. 70.

VI. Das Widerstandsrecht im absoluten Staat

danken der Verwirklichung eines tugendhaften Lebens, dessen der Mensch sich schon seiner Natur nach zu befleißigen hat, als Zweck und Aufgabe des Staates schlechthin angesehen. § 10 II 17 des preuß. Allgemeinen Landrechts zeigt in klassischer Weise den Staatszweck auf, so wie ihn die Aufklärung verstand: Die Gefahrenabwehr und die Erhaltung der öffentlichen Ruhe, Sicherheit und Ordnung, die dem einzelnen das gebotene tugendhafte Leben erst ermöglichen. Dem Herrscher war somit ein Amt mit einer hohen Aufgabe übertragen; nach völligem Belieben konnte er demnach nicht verfahren. Er war vielmehr durch die dem Staat vorgegebenen Zwecke beschränkt[60]. Der aufgeklärte Absolutismus sah hierin eine echte Rechtsbindung; für den frühen Absolutismus war der Herrscher noch grundsätzlich rechtlich unbeschränkt, nur die eigene Klugheit oder besondere Verträge mit noch nicht entmachteten Ständen sollten ihn hindern können, seine unumschränkte Gewalt völlig frei zu gebrauchen[61].

Es ist aber klar, daß auch in der Staatsauffassung des aufgeklärten Absolutismus, erst recht in der Staatsauffassung des reinen Absolutismus für ein Widerstandsrecht an sich kein Raum mehr vorhanden war. *Svarez*, der dem Kronprinzen von Preußen, dem späteren König *Friedrich Wilhelm III.*, in den Jahren 1791 und 1792 Vorträge über Recht und Staat zu halten hatte, sagte darüber folgendes: „Wenn auch irgendein Minister oder mächtiger Günstling Mittel finden sollte, in seinen eigenen oder seiner Anhänger und Freunde Rechtsangelegenheiten einen Machtspruch zu erschleichen, so würden die Gerichte vermöge ihrer Amtspflicht schuldig sein, Gegenvorstellungen darüber zu machen. Wenn aber auch auf diese nicht geachtet werden sollte, so würden zwar vor der Hand sich Gerichte und Parteien dem Willen des Souveräns unterwerfen müssen, weil ihnen nach der Staatsverfassung in keinem Falle ein Recht zum tätigen Widerstand zukommt. Der aber, welcher einen solchen Machtspruch erschlichen hätte, würde dabei niemals sicher sein, sondern stets der Gefahr ausgesetzt sein, daß sein Gegenteil, sobald die Umstände sich ändern, und wenn nicht eher, so doch unter einer neuen Regierung, gegen den Machtspruch reklamiere, die Aufhebung desselben und die Wiederherstellung seiner gekränkten Rechte erlange und den, welcher sich gegen die Grundgesetze des Staates so gröblich vergangen hat, zur verdienten Bestrafung ziehen lasse"[62]. Diese Auffassung kann als für den aufgeklärten Absolutismus typisch gelten.

---

[60] *Hennis*, Zum Problem der deutschen Staatsanschauung, in: Die Entstehung des modernen souveränen Staates, herausgegeben von Hanns Hubert Hofmann, 1967, S. 86.
[61] Vgl. *Conrad*, Rechtsstaatliche Bestrebungen im Absolutismus Preußens und Österreichs, 1961, S. 14 f.; *Svarez*, Vorträge, 1960, S. 586 f.
[62] *Svarez*, a.a.O., S. 238.

1. Teil: Geschichtliche Entwicklung des Widerstandsrechts

Gegenüber dieser Entwicklung in den deutschen Territorialstaaten hinkte allerdings die Entwicklung des Reichsrechts, des Verhältnisses von Kaiser und Reichsständen, lange Zeit nach. Die Frage des Widerstandsrechts der Reichsstände gegenüber dem Kaiser blieb noch lange Zeit in der Schwebe[63]. Interessant ist in diesem Zusammenhang die Ansicht, die *Christian August von Beck* in den Jahren 1755—1759 dem Erzherzog Joseph, dem späteren *Kaiser Joseph II.*, darüber vortrug. Beck unterschied eine Absetzung des Kaisers nach der Reichsverfassung und eine nach allgemeinem Staatsrecht. Zum ersteren Fall meinte er, es sei unmöglich zu bestimmen, in welchen Fällen dem Kaiser die Regierung wieder abgenommen werden könnte. Denn der Wahlkapitulation sei kein Vorbehalt des Verlustes der Majestätsrechte bei Verletzungen der Versprechungen beigefügt; auch die übrigen Reichsgesetze und Verträge enthielten nichts dergleichen. Zu Pflichtverstößen des Kaisers bemerkte er wörtlich: „Sollte aber der Kaiser sich in Regierungssachen etwas zur Last kommen lassen oder wider seine Wahlkapitulation etwas unternehmen, so haben die Reichsstände im ersten Fall das Recht, Vorstellungen zu machen und ihr Oberhaupt seines Amtes zu erinnern, im andern Fall ist die vorgenommene Handlung ohnedies null und nichtig, welches teils aus der Natur eines Paktes an und für sich fließt, teils aber auch einigen Artikeln der kaiserlichen Wahlkapitulation ausdrücklich einverleibt ist"[64]. Zur Absetzung des Kaisers nach allgemeinem Staatsrecht meinte Beck, es sei einhellige Meinung, daß es erlaubt sei, „einen Tyrannen und Wüterich vom Throne zu stoßen, der sich als einen offenbaren Feind seines Reiches oder Landes aufführt". Wenn der Kaiser sich so verhielte, würde er also abgesetzt werden können, was der Sache nach wohl einem Widerstandsrecht gleichkäme. Beck fügte aber hinzu, daß ein solches Verhalten „von einem Regenten, der noch bei gesundem Verstande ist, nicht wohl zu vermuten steht"[65].

Nicht nur von Beck, sondern auch von anderen namhaften Rechtslehrern der damaligen Zeit wurde noch ein Widerstandsrecht bejaht. So hatte z. B. in der zweiten Hälfte des 17. Jahrhunderts *Pufendorf* an sich ein Widerstandsrecht abgelehnt, weil er den Fürsten ganz im Sinne der Auffassungen des frühen Absolutismus als sakrosankt ansah. Gleichwohl hatte er aber für Ausnahmefälle ein Widerstandsrecht zugelassen. Bei diesen Ausnahmen handelte es sich ursprünglich um dieselben Aus-

---

[63] *Zycha*, a.a.O., S. 61.

[64] Artikel XVI der ständigen Wahlkapitulation enthielt eine solche clausula cassatoria.

[65] *Conrad*, Recht und Verfassung des Reiches in der Zeit Maria Theresias; aus den Erziehungsvorträgen für den Erzherzog Joseph, in: Die Entstehung des modernen souveränen Staates, herausgegeben von Hanns Hubert Hofmann, 1967, S. 238 f.

nahmen, die auch *Grotius* zugelassen hatte[66]. Bei *Christian Wolff* fand sich z. B. der Gedanke, daß der Herrscher, der seine rechtlichen Schranken überschreite, als Privatmann handele; ihm gegenüber sollte das Volk von seiner natürlichen Freiheit Gebrauch machen und auch Widerstand leisten dürfen[67]. Wolff begründete dies mit naturrechtlichen Regeln; auf das positive Recht des Ständestaates berief er sich nicht mehr.

Zu jener Zeit tauchten aber auch Lehren über das Widerstandsrecht auf, die viel weitergehende Befugnisse verleihen wollten, als sie mit dem Widerstandsrecht als einem Rechtsbehelf gegen unrechtmäßige Ausübung der Staatsgewalt vereinbar waren. Dazu gehörte z. B. *Rousseau*, nach dessen im „contrat social" geäußerter Ansicht das souveräne Volk seine Regierung durch einseitigen Rechtsakt einsetzt und auch die Befugnis hat, diesen Rechtsakt jederzeit einseitig abzuändern, also die Regierung absetzen oder die Form der Regierung ändern kann. Hierbei handelt es sich aber nicht mehr um ein Recht zum Widerstand, sondern um eine Befugnis zum Umsturz.

VII. Das Widerstandsrecht in der Neuzeit

Die Einführung konstitutioneller Verfassungen in den deutschen Staaten in der ersten Hälfte des 19. Jahrhunderts brachte keine Wiederbelebung des Widerstandsrechtes mit sich. Wohl war jetzt die Macht des Herrschers durch die auf dem Gewaltenteilungsprinzip beruhenden Verfassungen rechtlich beschränkt in dem Sinne, daß er bei der Ausübung der gesetzgebenden Gewalt an die Zustimmung des Parlaments, bei der Leitung der Verwaltung an die Gegenzeichnung der Minister gebunden war. Ein Widerstandsrecht wurde aber in keine der deutschen Verfassungen aufgenommen, obwohl dies begrifflich möglich gewesen wäre und auch Vorbilder dafür vorhanden waren. So heißt es z. B. in der Erklärung der Menschen- und Bürgerrechte des amerikanischen Staates Virginia aus dem Jahre 1776: „Wenn je eine Regierung sich als unfähig oder widerstrebend zu diesen Grundsätzen erweisen sollte, hat eine Mehrheit in dem Gemeinwesen das unzweifelhafte, unabdingbare und unveräußerliche Recht, diese zu reformieren, zu ändern oder zu beseitigen auf die Art und Weise, wie es für die öffentliche Wohlfahrt für förderlich erachtet wird"[68]. Die Verfassungen der amerikanischen Einzelstaaten waren zum Vorbild für Art. 2 der französischen Erklärung der Menschen- und Bürgerrechte vom 26. August 1789 geworden, der ebenfalls ein Widerstandsrecht festlegte. Von da aus war es in die

---

[66] *Wolf*, a.a.O., S. 353; *Wolzendorff*, a.a.O., S. 327 f.
[67] Vgl. *Heyland*, a.a.O., S. 52.
[68] Zitiert nach *Voigt*, Geschichte der Grundrechte, 1948.

38   1. Teil: Geschichtliche Entwicklung des Widerstandsrechts

französischen Verfassungen vom 3. September 1791, vom 23. Juni 1793 sowie in die Verfassung von 1848 eingegangen. Die Verfassung von 1795 enthielt kein Widerstandsrecht mehr, wobei es allerdings nach herrschender französischer Auffassung als Grundrecht weitergalt, ohne daß es besonders in die Verfassung aufgenommen zu werden brauchte[69]. In der deutschen Staatsrechtslehre wurde in den Verfassungskonflikten der dreißiger Jahre des 19. Jahrhunderts aus dem Bedürfnis nach Schutz vor schweren Verfassungsbrüchen des Herrschers die Frage des Bestehens eines Widerstandsrechtes noch einmal lebhaft erörtert. Am 26. Januar 1839 kam die Tübinger Juristenfakultät in einem zum hannoverschen Verfassungskonflikt von 1837 erstatteten Gutachten auf Grund einer Analyse der geschichtlichen Entwicklung zu dem Ergebnis, daß der staatsbürgerliche Gehorsam nicht unbedingt, sondern eine durch die Verfassung bedingte Pflicht sei. Die Untertanen seien dem Herrscher gegenüber nicht schutzlos; sie seien vielmehr zum Widerstand berechtigt, wenn gegen die Verfassung oder gegen Gesetze gehandelt worden sei, durch welche die regierende Macht erst ihre Bestimmung erhalte[70].

Nach 1848 allerdings tauchte das Widerstandsrecht nicht mehr auf. Es wurde als unvereinbar mit der Struktur und dem Wesen des Verfassungsstaats angesehen. Der Staat erschien als gänzlich auf sich selbst gestellte, nicht ableitbare höchste Herrschergewalt[71]. In der Ausübung der Staatsgewalt hatte sich dieser Staat freiwillig an die Normen seines eigenen Rechts gebunden, welches dem einzelnen Bürger eine Freiheitssphäre sicherte. Der Staat hatte sich zum „Rechtsstaat" entwickelt[72]. Jeglicher Rechtsschutz war innerhalb der durch das staatliche Recht gezogenen Grenzen zum Monopol des Staates geworden. Wo der Staat ihn nicht selbst gewährte, ermächtigte er den Bürger ausdrücklich zur Selbsthilfe. Außerhalb dieser Ermächtigung war jede Art von Selbsthilfe unzulässig. Die Anerkennung eines Widerstandsrechts würde für die damals herrschende Auffassung bedeutet haben, daß der Staat den Bürger zur Selbsthilfe gegen sich selbst ermächtigt haben müßte, eine zu jener Zeit unmögliche und undenkbare Vorstellung, die der Anerkennung eines Rechts zur Vernichtung der Staatsgewalt, einer Zulassung der Selbstvernichtung des Staates gleichgekommen wäre[73]. Das Widerstandsrecht schien auch überflüssig geworden zu sein, weil der Verfassungsstaat seinem Wesen nach als Hort und Beschützer der bürgerlichen Freiheiten erschien, ein Unrechtshandeln des Staates nicht

---

[69] *Heyland*, a.a.O., S. 59.
[70] s. dazu *Heyland*, a.a.O., S. 74.
[71] *G. Jellinek*, Allg. Staatslehre, 2. Aufl. 1905, S. 180.
[72] *Gierke*, Grundbegriffe des Staatsrechts, 1915, S. 107.
[73] s. dazu *Wolzendorff*, a.a.O., S. 462.

denkbar war, und dem einzelnen deshalb ein besonderes Recht zum Selbstschutz gegen den Staat nicht mehr zuzustehen brauchte. Der Verfassungsstaat gewährte nicht nur durch die Rechtsprechung unabhängiger Gerichte dem Bürger Schutz gegen staatliche Übergriffe. Er ließ ihn auch in weitem Umfange an der Ausübung der Staatsgewalt Anteil nehmen: Die Gesetzgebung lag in den Händen des gewählten Parlaments, so daß der Bürger nur solchen Gesetzen unterworfen wurde, denen er selbst durch die Parlamentswahl — wenigstens der Idee nach — zugestimmt hatte. Außerdem nahm der Bürger an der kommunalen Selbstverwaltung und auch als Laienrichter an der Rechtspflege in weitem Maße teil, so daß eigentlich kaum ein Teil der Staatsgewalt außerhalb der Kontrolle und der Mitwirkung der Staatsbürger verblieb.

Zu Beginn des 20. Jahrhunderts wurde das Widerstandsrecht in der Staatsrechtslehre höchstens noch als historisches Rechtsinstitut ohne Bedeutung für das geltende Recht erwähnt[74]. Eine Einzelerscheinung war die Ansicht *Ernst v. Hippels*, welcher meinte, dem Gesetzgeber seien durch die Unterwerfung unter den (naturrechtlichen) Rechtsgedanken Schranken gesetzt. Auch der Verfassungsgesetzgeber sei nur frei innerhalb der Grenzen des Rechtsbegriffs. Willkürliche Maßnahmen seien rechtswidrig und grundsätzlich unverbindlich. Den logischen Ort für die Lehre vom Widerstandsrecht, die er noch nicht für tot hielt, sah v. Hippel dort, wo es um die Prüfung der Frage ging, ob diese Schranken innegehalten wurden[75]. Diese Ansicht von der Unterwerfung des Gesetzgebers unter den naturrechtlichen Rechtsgedanken stand aber im Widerspruch zu der herrschenden Auffassung, die nach einer Formulierung des Reichsgerichts dahin ging, daß der Gesetzgeber selbstherrlich und nur an diejenigen Schranken gebunden sei, die er sich selbst in der Verfassung und den Gesetzen gegeben habe[76].

Es zeigte sich dann aber sehr bald, daß die Annahme des Positivismus, Recht und staatliche Satzung seien identisch, falsch war und daß auch im 20. Jahrhundert noch Situationen möglich waren, in denen der staatliche Rechtsschutz für den einzelnen versagte. Der Nationalsozialismus bewies in Deutschland, daß staatliches Unrecht und Rechtsverweigerung in vorher nicht vorstellbarem Ausmaß sich auch heute noch ereignen können. Das war dieselbe Situation, die in früheren Zeiten zur

---

[74] *Meyer-Anschütz*, Lehrbuch des deutschen Staatsrechts, 7. Aufl. 1914 bis 1919, S. 87; *Stier-Somlo*, Deutsches Reichs- und Landesstaatsrecht, 1924, Bd. 1 S. 64.
[75] *Ernst von Hippel*, Das richterliche Prüfungsrecht, in: Handbuch des deutschen Staatsrechts, herausgegeben von Anschütz und Thoma, 1932, Bd. II S. 549 u. 551.
[76] RGZ 118, 327.

Ausbildung des Widerstandsrechts als dem letzten Rechtsschutzmittel der Untertanen geführt hatte. Wo diese Voraussetzungen empfunden wurden, war das Bestehen des Widerstandsrechts unbestritten, wie die vorangehenden Ausführungen gezeigt haben. Allein schon von daher leuchtet ein, daß das Widerstandsrecht auch heute noch besteht. In diesem Zusammenhang ist interessant, daß auch in anderen Rechtskreisen ein Recht zum Widerstand bekannt war, wenn ähnliche Voraussetzungen gegeben waren[77].

Nach 1945 ist das Widerstandsrecht teilweise in die Verfassungen aufgenommen worden. So findet es sich in den Verfassungen von Berlin, Bremen und Hessen und seit 1968 auch im Bonner Grundgesetz. Aber auch dort, wo es nicht in der Verfassung verbürgt ist, kann man heute wieder von einer unbestrittenen Geltung des Widerstandsrechts ausgehen. Ebenso unbestritten ist seit langem, daß jedem Menschen immer geltende Freiheitsrechte zustehen, die sittliche Grundsätze verwirklichen sollen und die überhaupt erst den Menschen zu höherer sittlicher Würde erheben. Diese Freiheitsrechte stellen unveräußerliche und unabdingbare Rechte dar, mit denen die Persönlichkeit, die Würde und der Wert des Menschen stehen und fallen, die aber auch vom jeweiligen Menschenbild abhängig und somit den geschichtlichen Wandlungen dieses Bildes mit unterworfen sind[78]. Wenn sich die Gemeinschaft aus freien, eigenständigen Persönlichkeiten zusammensetzt, die erst im Gegeneinander und Miteinander zur staatlichen Gemeinschaft werden, dann ist ohne diese das erwähnte Mit- und Gegeneinander erst ermöglichenden Freiheitsrechte ein von den einzelnen zu bejahender Staat nicht möglich. Diese Freiheitsrechte oder Menschenrechte (weil dem Menschen seiner Natur nach zugehörend) werden zu Grundrechten, wenn sie als solche in die Verfassung aufgenommen werden. Ihre Geltung ist davon aber nicht abhängig. Es ist nun ein anerkannter Grundsatz der abendländischen Rechtssysteme, daß dem einzelnen ein Anspruch gegen die staatliche Gewalt zusteht auf ein Verhalten, welches die Menschenrechte verwirklicht. Zur Durchsetzung dieses Anspruchs dient der im modernen Rechtsstaat und besonders nach Art. 19 Abs. IV des Bonner Grundgesetzes lückenlose Rechtsschutz. Wo dieser Rechtsschutz aber versagt und deswegen die Durchsetzung des erwähnten Anspruchs des einzelnen nicht möglich ist, muß das Widerstandsrecht

---

[77] z. B. in China (*Mehnert*, Peking und Moskau, 1962, S. 113; *Ruehe*, Widerstand gegen die Staatsgewalt oder der moderne Staat und das Widerstandsrecht, 1958, S. 49), im antiken Griechenland (*Ruehe*, a.a.O., S. 40 ff.) und im alten Rom (*Ruehe*, a.a.O., S. 43 ff.). Da das Widerstandsrecht im deutschen Rechtskreis davon nicht nennenswert beeinflußt worden ist, soll hier nicht näher auf diese Erscheinungen eingegangen werden.

[78] *Ritter*, in: Hist. Zeitschr. 1949, 255; *Oestreich*, Die Idee der Menschenrechte in ihrer geschichtlichen Entwicklung, 1961, S. 7.

als allerletzter Rechtsbehelf zur Verfügung stehen. Ohne das Widerstandsrecht würde den Menschenrechten die unbedingte Durchsetzbarkeit fehlen. Deshalb muß man heute das Widerstandsrecht den Menschenrechten als ein ihnen zugehöriges besonderes Recht rein formellen Inhalts zurechnen, obschon es in der Menschenrechtskonvention nicht enthalten ist. Davon ist aber seine Zuordnung zu den Menschenrechten nicht abhängig; es gehört vielmehr seiner Natur nach als eine Art elementares Notrecht dazu. Stellt man es unter diesen Gesichtspunkten auf die heutige Funktion des Widerstandsrechts ab, so könnte man es wohl auch als ein elementares Recht auf Selbsterhaltung einer jeden staatlichen Gemeinschaft bezeichnen[79].

---

[79] *Jung*, Gedanken zum Widerstandsrecht, in: Aus der Schule der Diplomatie, 1965, S. 472.

Zweiter Teil

Die Voraussetzungen des Widerstands- und Staatsnothilferechts des Art. 20 Abs. IV des Grundgesetzes

I. Das Ziel der Ausübung dieser Rechte

Das Widerstandsrecht, wie es sich in langer Entwicklung in Deutschland herausgebildet hat, ist ein eigenartiges öffentliches Recht[1]. Es setzt eine staatliche Ordnung voraus und richtet sich gegen hoheitliche Staatsakte, die gegen das geltende Recht verstoßen. Das ergeben auch die Formulierungen, mit denen die Landesverfassungen von Berlin, Bremen und Hessen den Bürgern ein Recht zum Widerstand gewähren. Nach Art. 147 Abs. I der hessischen Verfassung ist Widerstand möglich gegen verfassungswidrig ausgeübte öffentliche Gewalt. Art. 19 der Bremer Verfassung gewährt ein Widerstandsrecht, wenn die öffentliche Gewalt verfassungswidrig die Menschenrechte antastet. Wenn Art. 23 Abs. III der Berliner Verfassung als Voraussetzung für die Ausübung des Widerstandsrechts eine offensichtliche Grundrechtsverletzung verlangt, so kann es sich dabei der Natur der Sache nach auch nur um eine Grundrechtsverletzung durch hoheitliche Akte handeln.

Bei diesen hoheitlichen Staatsakten sind staatliche Akte jeder Art gemeint, also auch rein tatsächliche Handlungen, nicht aber Handlungen, die der Staat in privatrechtlicher Form, in seiner Eigenschaft als „Fiskus", als Rechtssubjekt des Privatrechts, vornimmt. In diesen zuletzt genannten Fällen liegt kein Staatsakt, keine Ausübung öffentlicher Gewalt vor und das öffentliche Recht zum Widerstand kann keine Anwendung finden. Es ist gleichgültig, ob diese hoheitlichen Akte von verfassungsmäßigen Organen des Staates ausgehen oder von solchen Personen, die sich die Ausübung der Staatsgewalt rechtswidrig angemaßt haben[2].

Das in Art. 20 Abs. IV GG gewährte Recht ist zunächst einmal dieses historische Widerstandsrecht, welches sich nur gegen unrechtmäßige Staatsakte richtet. Gegen sittlich verwerfliche, aber nicht rechtswidrige

---

[1] *J. v. Gierke*, Widerstandsrecht und Obrigkeit, 1956, S. 23.
[2] *Heyland*, a.a.O., S. 88.

Staatsakte mag es zwar ein sittliches Recht zum Widerstand geben[3]; ein solches sittliches Recht ist aber weder ein Rechtfertigungs- noch ein Schuldausschließungsgrund und muß deshalb in der nachfolgenden Untersuchung außer Betracht bleiben.

Hat sich der Staat selbst prinzipiell so weit von der rechtsstaatlichen Ordnung entfernt, daß die (noch zu erörternden) weiteren Voraussetzungen des Widerstandsrechts vorliegen, dann unternimmt er es selbst, die verfassungsmäßige Ordnung zu beseitigen. Nach Art. 20 Abs. IV besteht aber nicht nur dieses klassische Recht zum Widerstand gegen unrechtmäßige Ausübung der Staatsgewalt, sondern in dieser Verfassungsbestimmung ist eine wichtige, über alle bisherigen Ausführungen hinausgehende Erweiterung enthalten. Das klassische Widerstandsrecht ist begrifflich gegen Handlungen einzelner Staatsbürger, die weder echte hoheitliche Akte sind noch solche Akte darstellen, die auf Grund angemaßter hoheitlicher Gewalt vorgenommen worden sind, nicht gegeben. Wenn in Art. 20 GG nun ein Recht zum Widerstand eingeräumt wird gegen *jeden*, der es unternimmt, die verfassungsmäßige Ordnung zu beseitigen, so ist damit dieses Recht ausgedehnt auf Handlungen Privater, auf Handlungen, die nicht Hoheitsakte sind. Dieses so ausgedehnte „Widerstandsrecht" richtet sich also nicht mehr nur gegen die staatliche Gewalt. Es ist ein Recht, dessen Ausübung die Rettung des Staates vor einem Umsturz durch Unterstützung der staatlichen Organe, ja sogar durch Handeln anstelle der staatlichen Organe zum Ziele hat. Das ist eine Nothilfe zugunsten des Staates, ein von dem echten, zuvor behandelten Widerstandsrecht völlig verschiedenes Recht. Wenn also gegen Handlungen Privater, gegen nicht hoheitliche Akte vorgegangen werden und dieses Vorgehen auf Grund von Art. 20 Abs. IV GG gerechtfertigt sein soll, so müssen die Voraussetzungen der Staatsnothilfe vorliegen, die sich von denen des klassischen Widerstandsrechts in einigen Punkten unterscheiden. Das wird im einzelnen später noch näher zu erläutern sein.

Von der Ausübung des Widerstands- und des Staatsnothilferechts kann nur dort die Rede sein, wo das Ziel der Handelnden die Erhaltung, Bewahrung oder Wiederherstellung der bestehenden Rechtsordnung ist[4]. Das Widerstandsrecht und die Staatsnothilfe sind niemals gegen die politische Gemeinschaft als solche gerichtet, sondern nur gegen den Mißbrauch der staatlichen Gewalt, den staatliche Organe betreiben oder den Umstürzler zu betreiben beabsichtigen. Die bestehende Rechtsordnung lassen sie unangetastet. Beide Rechte sind also im Wesen konservativ, verteidigend. Sie können nicht die Einführung einer neuen, bes-

---

[3] Vgl. *Heller*, Staatslehre, 1934, S. 227.
[4] BVerfGE 5, 85 (376 ff.); *Heyland*, a.a.O., S. 116.

seren Rechts- und Staatsordnung rechtfertigen; sie enthalten also kein Recht zum Umsturz, zur Revolution, sondern sind gerade gegen eine Revolution, auf die Beseitigung einer im Gange befindlichen Revolution ausgerichtet[5]. Nur wer den in Art 20 GG umschriebenen staatlichen Zustand aufrechterhalten will, kann sich auf die Rechte aus dessen Abs. IV berufen. Wer diesen Zustand ändern will, leistet keinen Widerstand und keine Staatsnothilfe.

Dies ist ein entscheidender Gesichtspunkt. Dadurch unterscheidet sich die Ausübung des Widerstandsrechts von der Revolution, dem Umsturz. Um es noch einmal hervorzuheben: Während der Umsturz die Beseitigung mindestens von Teilen der bestehenden Rechtsordnung, und zwar vorzugsweise der bestehenden staatlichen Ordnung, und die Einführung einer neuen Ordnung zum Ziele hat, dient der Widerstand nur zur Bewahrung, zur Aufrechterhaltung der bestehenden Rechtsordnung. Wenn diejenigen, die Widerstand leisten, über das bloß bewahrende Ziel hinaus ein in die Zukunft weisendes und auf die Einführung eines neuen Zustandes des staatlichen Lebens gerichtetes Programm haben, so handelt es sich insoweit um eine Revolution. Eine Revolution muß notwendigerweise ein solches Programm haben, während von der Ausübung des Widerstandsrechts nur dort gesprochen werden kann, wo ein solches Programm fehlt[6]. Das alles ist keine neuzeitliche Einschränkung des Widerstandsrechts, sondern das Widerstandsrecht hatte schon im Mittelalter nur diesen bewahrenden Inhalt. Nach allgemeiner Meinung erwuchs schon zur Zeit des Ständestaats daraus im Normalfall nicht die Befugnis, den Herrscher abzusetzen. Abweichende, weitergehende Rechte der Stände mußten ausdrücklich festgelegt sein. Eine neue Ordnung einzuführen war nicht denkbar. Insoweit kann auf den ersten Teil dieser Untersuchung verwiesen werden. Zwar findet man seit dem Zeitalter der Aufklärung gelegentlich eine Vermischung des Widerstandsrechts mit der Revolution, indem im Schrifttum durch die theoretische Begründung des Widerstandsrechts aus dem Prinzip der Volkssouveränität und der Lehre vom staatsbegründenden Gesellschaftsvertrag das alte Widerstandsrecht manchmal soweit ausgedehnt wurde, daß es der Sache nach ein Recht zum Umsturz war. Mit dem geltenden Staatsrecht jener Zeit standen diese Versuche aber nicht in Einklang. Nach 1945 ist auch in Deutschland der prinzipielle Unterschied zwischen der Ausübung des Widerstandsrechts und der Revolution häufig nicht genug beachtet worden. Der Grund dafür dürfte der sein, daß man gern eine sittlich und moralisch gerechtfertigte Revolution auch juristisch als gerechtfertigt bezeichnen möchte. Dieser Wunsch

---

[5] *Heyland*, a.a.O., S. 117; *Sladeczek*, in: ARSP 1957, 367 (370 ff.); *Maunz*, Deutsches Staatsrecht, 14. Aufl. 1965, S. 85.

[6] Vgl. *Sladeczek*, a.a.O.

I. Das Ziel der Ausübung dieser Rechte

ist verständlich. Widerstandsrecht und Revolution sind aber zwei Tatbestände von so grundverschiedener Zielrichtung, daß ersteres nicht zur Rechtfertigung echter Umsturzhandlungen herangezogen werden kann. Damit ist dann allerdings noch nichts darüber gesagt, ob nicht doch in bestimmten Ausnahmefällen Umsturzhandlungen aus anderen Gründen gerechtfertigt sein können. Darauf wird später noch einzugehen sein.

Die Widerstandshandlungen müssen auch objektiv erkennen lassen, daß sie zur Durchsetzung oder Wiederherstellung des bestehenden Rechts unternommen worden sind. Dieses Ziel muß erkennbar mindestens einer der mit der Handlung verfolgten Zwecke sein. Natürlich kann auch eine solche Handlung durch das Widerstandsrecht gedeckt sein, die den Zweck hat, ein gerade dem Handelnden angetanes schweres Unrecht, etwa eine Verletzung seiner Menschenrechte, wieder zu beseitigen. Auch das dient zur Wiederherstellung des bestehenden Rechts. Handlungen aber, die nur eine Widersetzlichkeit bei der Wahrnehmung rein persönlicher Interessen darstellen oder die nur im Rahmen eines Unfugs vorgenommen werden, vertragen sich nicht mit der Zielrichtung des Widerstandsrechts und können deshalb durch dieses Recht nicht gedeckt werden. Wenn das Bundesverwaltungsgericht[7] darüber hinaus aber als Widerstand nur „ein der politischen Überzeugung des Täters entspringendes Verhalten" anerkennen will, „das dazu bestimmt und — wenigstens in der Vorstellung des Täters — auch dazu geeignet war, das abgelehnte Regime als solches über den Rahmen des Einzelfalles hinaus zu beeinträchtigen", so sind in dieser Definition die Voraussetzungen des Widerstandsrechts mindestens unklar und mißverständlich enthalten, und es wird leicht der Eindruck erweckt, als wenn Widerstand und Umsturz dasselbe seien.

Weil das Widerstandsrecht ein staatsbürgerliches Notrecht des einzelnen ist, deshalb werden auch solche Handlungen von ihm gedeckt, die dem Recht lediglich in einem einzigen Fall zur Durchsetzung verhelfen können und sollen. Es ist nicht notwendig, daß die Widerstandshandlungen dazu bestimmt und nach der Überzeugung des Handelnden auch dazu geeignet sein müssen, eine Beeinträchtigung der Staatsgewalt über den Rahmen des Einzelfalles hinaus hervorzurufen. Ist ein Widerstandsfall gegeben, so ist zum Schutz des Staatsbürgers gerade auch dann ein Handeln notwendig, wenn dadurch nur einem einzelnen geholfen wird. Es wäre auch mit dem Wesen des Widerstandsrechts nicht vereinbar, wenn man es nicht zur Rechtfertigung solcher Fälle dienen lassen wollte, die über den Rahmen eines Einzelfalles hinaus keine Wirkungen hervorrufen können und sollen. Gegenüber der erwähnten Rechtsprechung des Bundesverwaltungsgerichts, aus der sich eine solche Ein-

---

[7] NJW 1962, 1361.

schränkung ergibt, ist zu bedenken, daß dieses Gericht lediglich die Frage zu entscheiden hatte, welche Handlungen eine Entschädigungspflicht des Staates nach den Vorschriften des Vertriebenen- und Flüchtlingsgesetzes auszulösen vermögen. Die Voraussetzungen für eine Entschädigung durch den Staat können aber anders sein als die Voraussetzungen des Widerstandsrechts; nicht jede Widerstandshandlung muß unbedingt eine staatliche Entschädigung nach sich ziehen. Von den Entschädigungsfragen her kann man also schlecht die allgemeinen Voraussetzungen des Widerstandsrechts bestimmen.

Da das Widerstandsrecht ein Notrecht des einzelnen ist, ist Widerstand nicht nur dann rechtmäßig, wenn die Widerstandshandlung nach Beweggründen, Zielsetzungen und Erfolgsaussichten als ernsthafter und sinnvoller Versuch gewertet werden kann, den Unrechtszustand zu beseitigen und eine allgemeine Wende zum Besseren herbeizuführen, wie der Bundesgerichtshof gemeint hat[8] und wie es auch bei Weinkauff[9] anklingt. Weder die für die Selbsthilfe- und Notrechte geltenden allgemeinen Regeln noch die historische Entwicklung des Widerstandsrechts bieten eine Stütze für diese Ansicht. Eine solche Einschränkung des Widerstandsrechts auf objektiv erfolgversprechende Handlungen scheint eine Folge der unterlassenen Trennung des Widerstandsrechts von dem davon grundverschiedenen Umsturz zu sein[10]. Deshalb ist es nicht verwunderlich, daß dieses Urteil des Bundesgerichtshofs im Schrifttum überwiegend abgelehnt worden ist[11]. Eine objektive Erfolgsaussicht wird nirgends als Voraussetzung für die Ausübung von Rechten gefordert. Für Notrechte gilt insoweit nichts anderes: Der Angegriffene darf sich in Notwehr verteidigen, ohne daß es darauf ankommt, ob seine Verteidigungshandlungen objektiv gesehen Erfolg versprechen oder nicht. Auch bei der Besitzkehr nach § 859 BGB handelt nicht nur derjenige rechtmäßig, der objektiv geeignete Maßnahmen ergreift, sondern auch derjenige, der mit dem Willen zur Besitzkehr in objektiv keinen Erfolg versprechender Weise vorgeht. Es ist nur nötig, daß die Handlung objektiv als Verteidigungshandlung geeignet ist. Wesentlich ist also die Abwehr, die Verteidigung, nicht die Aussicht auf einen Erfolg der Verteidigung. Für die Ausübung des Widerstandsrechts gilt insoweit nichts Besonderes.

---

[8] NJW 1962, 195 unter Berufung auf RzW 1958, 183 und RzW 1958, 386. Der BGH hat diese Ansicht später (in: RzW 1966, 410) wieder aufgegeben.

[9] Die Militäropposition gegen Hitler und das Widerstandsrecht, 1954, S. 11.

[10] Ebenso *Arndt*, in: NJW 1962, 430.

[11] z. B. *Küster*, in: RzW 1962, 57; *Arndt*, in: NJW 1962, 430; *Tsatsos*, in: Staat 1962, 168 Fußnote 26; *Rosenthal*, in: Deutsche Fragen 1962, 81; *Erdsiek*, in: NJW 1962, 192 stimmt der Ansicht des BGH unter Berufung auf Weinkauff zu, meint aber, dem passiven Widerstand könnten Erfolgschancen ohnehin nicht abgesprochen werden.

Erforderlich ist nur der Wille des Handelnden, sich gegen die Rechtsverletzung zur Wehr zu setzen, sich dagegen aufzulehnen, um dadurch gleichzeitig dem Recht zur Durchsetzung zu verhelfen. Dabei handelt es sich um eine Art „Abwehrwillen", wie er auch bei anderen Notrechten und Rechtfertigungsgründen in unterschiedlicher Form vorhanden sein muß, wie z. B. in Form des Verteidigungswillens bei der Notwehr oder in Form des Willens, ein berechtigtes Interesse wahrzunehmen und nicht etwa einen Dritten zu kränken im Falle des § 193 StBG. Die Notwendigkeit dieses subjektiven Elementes ergibt sich aus der Verwandtschaft des Widerstandsrechts mit den sonstigen Notrechten. Diesem Abwehrwillen entspricht in aller Regel auch die Vorstellung des Handelnden, sein Tun sei geeignet, den erstrebten Erfolg herbeizuführen. Mehr ist in dieser Hinsicht nicht notwendig.

II. Der Ausschluß des Widerstandsrechts und der Staatsnothilfe durch andere Rechtsbehelfe

Das Widerstandsrecht hat seiner geschichtlichen Entwicklung nach eine gewisse Ähnlichkeit mit dem bürgerlichrechtlichen Selbsthilferecht des § 229 BGB. Man könnte es fast als ein öffentlichrechtliches Selbsthilferecht bezeichnen. Diese Verwandtschaft mit dem Selbsthilferecht zeigt sich am auffälligsten darin, daß nach Art. 20 GG vorausgesetzt wird, daß andere Abhilfe nicht möglich ist. Die Rechte aus Art. 20 Abs. IV GG können also erst dann in Betracht kommen, wenn die dem Bürger gegen rechtswidrige Staatsakte zur Verfügung stehenden Rechtsbehelfe und — im Falle der Staatsnothilfe — die staatlichen Machtmittel versagen. Die Ausschöpfung des Rechtsweges, der durch Art. 19 Abs. IV GG lückenlos garantiert ist, geht der Ausübung des Widerstandsrechts allemal vor. Das gilt auch dann, wenn schwere Verfassungsverletzungen vorgekommen sind. Gerade für solche Fälle ist das Institut der Verfassungsbeschwerde geschaffen worden. Erst bei Versagen des verfassungsmäßigen Rechtsschutzes kommt das Widerstandsrecht zur Geltung. Dabei genügt es selbstverständlich noch nicht, daß etwa eine Klage in allen Instanzen abgewiesen worden ist, selbst wenn die Begründung für diese Gerichtsentscheidung nicht überzeugend und nicht stichhaltig oder gar falsch sein sollte. Von Versagen des Rechtsschutzes kann nur in Ausnahmesituationen die Rede sein, wenn nämlich entweder der Rechtsweg nicht mehr offen steht, die Gerichte also gehindert sind, tätig zu werden, oder wenn eine generelle Rechtsverweigerung vorliegt oder Gerichtsentscheidungen generell wirkungslos bleiben, nicht mehr durchsetzbar sind. Ist von vornherein abzusehen, daß ein Anrufen der Gerichte in der geschilderten Form wirkungslos bleiben wird, die Ausnahmesituation also offenkundig ist, so ist der

Versuch einer Ausschöpfung des Rechtsweges selbstverständlich nicht mehr nötig. Das alles war auch schon vor der Aufnahme des Widerstandsrechts in das Grundgesetz allgemein anerkannt[12]. Auch dort, wo im Schrifttum in den letzten Jahren nicht ausdrücklich auf diese Einschränkung für die Ausübung des Widerstandsrechts hingewiesen worden ist, ergibt sie sich aus dem Zusammenhang als notwendige Voraussetzung für die Berufung auf das Widerstandsrecht. Das ist z. B. bei *Weinkauff*[13] der Fall. Er sieht im Widerstandsrecht das letzte und äußerste Mittel gegen sonst nicht mehr zu bekämpfendes staatliches Unrecht. Damit ist gleichzeitig gesagt, daß auf dieses Recht erst dann zurückgegriffen werden darf, wenn der verfassungsmäßige Rechtsschutz gegen rechtswidrige Hoheitsakte versagt. Dieselbe Ansicht kommt auch bei *Schneider*[14] zum Ausdruck: Er hält ein Widerstandsrecht dort für gegeben, wo der Staat sich von der freiheitlichen Daseinsform gelöst hat und für den Rechtsstaat ein Ausnahmezustand vorliegt.

Lediglich *Julius v. Gierke* hat in diesem Punkte eine andere Meinung vertreten[15]. Er zählt das Widerstandsrecht zu den Menschenrechten des Art. 1 GG und hält es bei allen, auch bei geringfügigen Verfassungsverletzungen für gegeben. Es soll nicht nur durch Klage vor den dafür zuständigen Gerichten, sondern auch auf jede andere Weise geltend gemacht werden können. Diese Meinung ist — soweit ersichtlich — vereinzelt geblieben. Ihr kann auch nicht gefolgt werden. Sie führt im Ergebnis zu einer unbeschränkten Zulassung der Selbsthilfe auch im öffentlichen Recht. Selbsthilfe ist aber schon im bürgerlichen Recht nur in besonderen Ausnahmefällen zulässig und im öffentlichen Recht gegen Hoheitsakte der Staatsgewalt nach herrschender Meinung überhaupt unzulässig[16]. Das von J. v. Gierke angeführte Beispiel, welches den konkreten Anlaß seiner Untersuchung bildet, zeigt auch, daß er eigentlich nicht das Widerstandsrecht gegen unrechtmäßige Ausübung der Staatsgewalt im Auge hat. Im Sommer 1955 traten der Rektor und die Dekane der Universität Göttingen von ihren Ämtern zurück aus Protest gegen die beabsichtigte Ernennung eines Mannes zum Minister, gegen den

---

[12] BVerfGE 5, 85 (376 ff.); BGH, in: NJW 1953, 1639; *Heyland*, a.a.O., S. 99 u. 100; *v. Winterfeld*, in: NJW 1956, 1418 ff.; *Geiger*, Gewissen, Ideologie, Widerstand, Nonkonformismus, 1963, S. 108; *Rauschning*, Die heutige Position — staats- und rechtsphilosophisch, in: Pfister und Hildmann, a.a.O., S. 132 u. 140.
[13] a.a.O., S. 14.
[14] Die heutige Position — staatsrechtlich, in: Pfister und Hildmann, a.a.O., S. 143 ff., bes. S. 148 ff.
[15] a.a.O., S. 19.
[16] Vgl. z. B. aus dem älteren Schrifttum: *Hatschek*, Deutsches und Preußisches Staatsrecht, 1922, Bd. I S. 220; für das Recht der Bundesrepublik: *Forsthoff*, Lehrbuch des Verwaltungsrechts, Bd. I Allg. Teil, 7. Aufl. 1958, S. 465.

II. Der Ausschluß durch andere Rechtsbehelfe

wegen seiner früheren Tätigkeit als Verlagsbuchhändler und als Polizeikommissar Bedenken bestanden. Das war rechtlich weiter nichts als eine mit besonderem Nachdruck vorgetragene Meinungsäußerung. Diese hat sich völlig im Rahmen des Grundrechts der freien Meinungsäußerung nach Art. 5 GG gehalten[17]. Damit war dieser Protest auch ohne die Berufung auf das Widerstandsrecht rechtmäßig. Das Widerstandsrecht deckt solche Handlungen, die an sich gegen bestehende gesetzliche Vorschriften verstoßen und die vielleicht sogar strafbar sind. Für solche Handlungen ist es ein Rechtfertigungsgrund, wie es z. B. auch die Notwehr ist. Die Berufung auf das Widerstandsrecht hat also insbesondere einen Sinn bei an sich gesetzwidrigen und rechtswidrigen Handlungen.

Selbstverständlich kann eine beginnende Revolution, eine sich langsam einrichtende Gewalt- und Unrechtsherrschaft nicht nur mit strafbaren Handlungen bekämpft werden, sondern es kommen Maßnahmen aller Art in Betracht, gewaltlose und gewaltsame Handlungen, ohnehin rechtmäßige wie auch solche, die nur infolge der Anwendbarkeit des Widerstandsrechts rechtmäßig sind. Wer z. B. in solcher Ausnahmesituation die möglicherweise noch in Kraft befindlichen alten, mit der Rechtsidee noch in Einklang befindlichen Gesetze entsprechend dieser Rechtsidee, aber gegen den erklärten Willen der Machthaber und entgegen den Zielen der beginnenden Gewalt- und Willkürherrschaft auslegt und anwendet, der bekämpft in wirksamer Weise die Unrechtsherrschaft. Sein Handeln ist aber auch ohne Berufung auf das Widerstandsrecht rechtmäßig. Man kann solche ohnehin rechtmäßigen Kampfmaßnahmen in Übereinstimmung mit dem inzwischen üblich gewordenen Sprachgebrauch ohne weiteres als „Widerstand" bezeichnen; man muß sich nur darüber klar sein, daß das Widerstandsrecht als Rechtfertigungsgrund erst bei darüber hinausgehenden, schon gesetzwidrigen Handlungen in Betracht kommt. Dementsprechend könnte man als „Widerstand" alles das bezeichnen, was als Kampf gegen die beginnende Unrechtsherrschaft unternommen wird. Als Ausübung des echten Widerstandsrechts wäre dann aber nur derjenige Teil des Widerstandes zu bezeichnen, der noch eines besonderen Rechtfertigungsgrundes, eben des Widerstandsrechts, bedarf. Ohnehin rechtmäßige Handlungen und Handlungen, die auf Grund anderer Rechtfertigungsgründe, z. B. der Notwehr, gerechtfertigt sind, kann man demnach von der Ausübung des Widerstandsrechts ausnehmen[18].

Um die Ausübung des Widerstandsrechts handelt es sich auch dann nicht, wenn jemand einem Gesetzesbefehl unter Berufung auf sein Ge-

---

[17] Vgl. auch *Schneider*, in: AöR 1964, 1 (12). Daß Art. 5 GG u. U. sehr weit reichen kann, zeigt die Entscheidung des Bundesverfassungsgerichts vom 6. 11. 1968, in: NJW 1969, 227.
[18] s. auch *Geiger*, a.a.O., S. 90.

wissen nicht Folge leistet in Fällen, in denen eine solche Berufung ausdrücklich als Ausnahme im Gesetz anerkannt ist. Das ist z. B. der Fall bei der Kriegsdienstverweigerung aus Gewissensgründen nach Art. 4 Abs. II GG. Der Kriegsdienstverweigerer macht nur Gebrauch von einem in der Verfassung gewährten Recht, sich auf das Gewissen zu berufen. Diese Berufung ist immer rechtmäßig, hat aber mit dem Widerstandsrecht als Rechtfertigungsgrund nichts zu tun[19].

Dasselbe gilt auch für das Presse- und Funkprivileg des § 109 f Abs. I Satz 2 StGB. In Ausübung dieses Privilegs vorgenommene Handlungen sind ohnehin nicht strafbar, mithin nicht rechtswidrig und bedürfen deshalb keiner Rechtfertigung durch das Widerstandsrecht[20].

III. Das Widerstandrecht als staatsbürgerliches Recht der Deutschen

Etwas schwierig ist die Frage zu beantworten, wer sich auf das Widerstandsrecht und das Staatsnothilferecht berufen darf, wem also diese Rechte zustehen. Art. 20 Abs. IV GG gewährt „allen Deutschen" das Widerstandsrecht: Wer Deutscher ist, ergibt sich unmittelbar aus dem Grundgesetz. Deutscher ist nicht jeder, dessen Muttersprache deutsch ist, auch nicht etwa nur der Bewohner der Bundesrepublik, sondern nach Art. 116 GG jeder, der die deutsche Staatsangehörigkeit besitzt. Da es nur eine gesamtdeutsche Staatsangehörigkeit gibt, die Bundesrepublik keine (Teil-)Staatsangehörigkeit der Bundesrepublik kennt, ist also der deutsche Bürger Leipzigs genauso zum Widerstand in der Bundesrepublik berechtigt wie derjenige Hannovers oder Stuttgarts. Daß die Deutsche Demokratische Republik eine andere Staatsangehörigkeitsregelung getroffen hat, ist in diesem Zusammenhang ohne Bedeutung, weil das dort beschlossene Gesetz im hier interessierenden Umfang auf das Staatsangehörigkeitsrecht der Bundesrepublik keine Wirkung entfaltet.

Mithin ist das Widerstandsrecht des Art. 20 Abs. IV GG genauso wie die Grundrechte in den Art. 8, 9, 11 und 12 GG als Staatsangehörigkeitsrecht ausgestaltet, im Gegensatz zu den Grundrechten der Art. 2, 3, 4, 5 und 17 GG, bei denen es sich dem Wortlaut des Grundgesetzes nach um allgemeine Menschenrechte handelt. Eine solche Differenzierung ist zulässig[21]. Deutsche und ausländische Staatsangehörige können

---

[19] *Tsatsos*, in: Staat 1962, 158 (160); s. auch *Geiger*, a.a.O., S. 67 ff.; zum „Gewissen": *Arndt* in einer Anm. zu einem Urteil des BVerfG, in: NJW 1968, 979.

[20] Zu dieser Vorschrift s. *Lüttger*, in: MDR 1966, 713.

[21] Vgl. z. B. *Mangoldt-Klein*, Bonner Grundgesetz, 2. Aufl. 1957, Anm. II, 3 zu Art. 9.

III. Das Widerstandsrecht als staatsbürgerliches Recht

durchaus mit verschiedenen staatsbürgerlichen Rechten ausgestattet werden. Dem steht die Menschenrechtskonvention nicht entgegen. Diese erfordert nicht, die in ihr enthaltenen Rechte jedermann unter Verfassungsgarantie zuzubilligen; wesentlich ist nach dieser Konvention nur, daß sie überhaupt allen Menschen gewährt werden. Das ist in der Bundesrepublik zweifellos seit deren Beitritt zur Menschenrechtskonvention der Fall.

Die Beschränkung des Widerstandsrechts und des Staatsnothilferechts auf deutsche Staatsangehörige bedeutet aber gegenüber dem bisherigen Rechtszustand eine Einschränkung. Nach bisherigem Recht stand das Widerstandsrecht jedermann ohne Rücksicht auf die Staatsangehörigkeit zu, und jeder, auf den das deutsche Strafgesetz Anwendung fand, konnte sich auf Staatsnothilfe berufen. Für das Widerstandsrecht entsprach das der allgemeinen Meinung[22], wie sie auch in den Länderverfassungen von Bremen, Berlin und Hessen zum Ausdruck gekommen ist. Nach diesen Verfassungen ist *jedermann* zum Widerstand berechtigt.

Für den Ausschluß der Ausländer vom Widerstandsrecht mag sprechen, daß der Natur der Sache nach Widerstand gegen den Versuch der Beseitigung der verfassungsmäßigen Ordnung der Bundesrepublik etwas ist, was in erster Linie die Deutschen selbst angeht. Für Ausländer, die in der Regel nicht gezwungen sind, in Deutschland zu leben, mag zu ihrem Schutz das Ausweichen in ihr Heimatland genügen, wenn sich in Deutschland eine Gewalt- und Willkürherrschaft einrichtet. Zudem ist Widerstand leisten eine politische Handlung ersten Ranges, und Art. 16 der Menschenrechtskonvention erlaubt ausdrücklich, die politische Tätigkeit von Ausländern Beschränkungen zu unterwerfen. So mag man vielleicht die Beschränkung des Widerstandsrechts auf Deutsche motivieren können.

Es fragt sich aber, wie weit eine solche Beschränkung tatsächlich wirksam ist. Immerhin ist das Widerstandsrecht, wie die Untersuchungen im ersten Teil dieser Arbeit gezeigt haben, heute als ein den Menschenrechten zuzurechnendes modifiziertes Selbsthilferecht anzusehen, welches immer dann zur Verfügung steht, wenn jemandes Menschenrechte verletzt worden sind. Dabei ist ohne Bedeutung, ob ein Ausländer oder ein Inländer der Verletzte ist. Nun ist es ja das Wesen einer zum Widerstand berechtigenden Ausnahmesituation, daß nicht nur der verfassungsmäßige Rechtsschutz nicht mehr funktioniert, sondern daß insbesondere auch Grund- und Menschenrechtsverletzungen aus Prinzip vorgenommen werden, die den Rechtsschutz an sich als besonders notwendig erscheinen lassen. Es ist wohl ohne nähere Begründung als sicher zu bezeichnen, daß in einer solchen Situation weder die Rechte

---
[22] *J. v. Gierke*, a.a.O., S. 19; Heyland, a.a.O., S. 106.

der freien Meinungsäußerung[23], der Freiheit[24] noch der Gewissens- und Religionsfreiheit[25] gewährleistet sind. Gerade diese Menschenrechte sind neben weiteren, insbesondere dem Gleichheitsgrundsatz, als besonders gefährdet in einer beginnenden Gewalt- und Willkürherrschaft anzusehen. Man kann sogar sagen, daß die Verletzung dieser Menschenrechte gerade das Wesen einer Gewalt- und Willkürherrschaft ausmacht. Wegen solcher Menschenrechtsverletzungen steht also jedermann, auch dem Ausländer, das Recht zum Widerstand zu, weil es, insoweit den Menschenrechten zugehörig, ein übergesetzliches Recht ist, welches unabhängig von seiner Aufnahme in Gesetzen und Verfassungen gilt. Darüberhinaus steht — wie erwähnt — in Bremen, Berlin und Hessen ohnehin nach der Landesverfassung jedermann, also auch den Ausländern, ein Widerstandsrecht zu, soweit es sich um eine Unrechtsherrschaft allein in diesen Ländern handelt.

Im übrigen kommt es nicht darauf an, ob gerade derjenige, der Widerstand leistet, in seinen Rechten beeinträchtigt ist oder nicht. Genauso, wie Nothilfe zugunsten eines anderen, der rechtswidrig angegriffen worden ist, statthaft ist, kann auch das Widerstandsrecht zugunsten eines Dritten ausgeübt werden.

IV. Das Schutzobjekt des Widerstands- und Staatsnothilferechts

Art. 20 GG gewährt das Widerstandsrecht gegen die Beseitigung der fundamentalen Grundsätze des demokratischen Staatslebens, wie sie in den Absätzen I bis III dieses Artikels aufgezählt sind und die die Bundesrepublik als einen demokratischen, sozialen Rechtsstaat und als Republik festlegen. Die Rechte aus Art. 20 Abs. IV GG dienen also insbesondere zur Verhinderung der Einführung einer Gewalt- und Willkürherrschaft und zur Durchsetzung des Rechts gegenüber einer beginnenden Unrechtsherrschaft. Eine Gewalt- und Willkürherrschaft liegt dann vor, wenn die Handlungen des Staates nicht mehr vom Recht her bestimmt und begrenzt werden, wenn seine Anordnungen und Gesetze sowie seine Verwaltung nicht mehr nach der Verwirklichung größtmöglicher Gerechtigkeit streben, und wenn die Gleichheit aller, die den Kern der Gerechtigkeit ausmacht, vom Staat bewußt verleugnet wird[26]. Anders ausgedrückt liegt eine Gewalt- und Willkürherrschaft dann vor, wenn statt des Rechts generell Willkür und Unrecht zur Richtschnur

---

[23] Art. 5 GG; Art. 10 der Menschenrechtskonvention.
[24] Art. 2 GG; Art. 5 der Menschenrechtskonvention.
[25] Art. 4 GG; Art. 9 der Menschenrechtskonvention.
[26] *Radbruch*, in: SJZ 1946, 106 ff.; BGHZ 3, 94 (107); BGHSt 2, 234 (238).

IV. Das Schutzobjekt des Widerstands- und Staatsnothilferechts

der staatlichen Handlungen geworden sind. In solch einem Fall verletzt die staatliche Gewalt selbstverständlich Grund- und Menschenrechte; derartige Rechtsverletzungen berechtigen zum Widerstand.

Will man die Einführung einer Gewalt- und Willkürherrschaft zerlegen in dem Sinne, daß man bestimmte Verfassungsgrundsätze heraussucht, deren Beseitigung den Widerstandsfall eintreten läßt, so bereitet das insofern Schwierigkeiten, als eine solche Unrechtsherrschaft sich mit dem Blick auf ihr Gesamtbild in der oben geschehenen Weise leichter definieren läßt und außerdem das Grundgesetz selbst in Art. 20 nur allgemein, nicht aber in allen Einzelheiten ausführt, was die Grenze der verfassungsmäßigen Ordnung eines demokratischen, sozialen Rechtsstaats bildet. Einen Hinweis auf das, was unbedingt zu dieser verfassungsmäßigen Ordnung gehört, kann man in § 92 StGB in der Fassung des 8. Strafrechtsänderungsgesetzes vom 25. 6. 1968 sehen. Die darin aufgezählten Verfassungsgrundsätze können im wesentlichen zugleich als die fundamentalen Grundsätze eines demokratischen Rechtsstaats bezeichnet werden. Dazu gehören also die in Art. 20 Abs. III GG und § 92 Abs. II Nr. 2 StGB aufgeführte Bindung der Gesetzgebung an die verfassungsmäßige Ordnung und die Bindung der vollziehenden Gewalt und der Rechtsprechung an Gesetz und Recht sowie die in § 92 Abs. II Nr. 5 aufgeführte Unabhängigkeit der Gerichte. Dem Wesen nach gehört zur demokratischen und sozialen Republik außerdem auch das Recht auf Bildung und Ausübung einer parlamentarischen Opposition (§ 92 Abs. II Nr. 3 StGB) und die Ablösbarkeit der Regierung sowie ihre Verantwortlichkeit gegenüber der Volksvertretung (§ 92 Abs. II Nr. 4 StGB). Das Recht auf freie Wahlen gehört ebenfalls dazu, aber nur in dieser allgemeinen Form, wie es in Art. 20 Abs. II GG enthalten ist. § 92 Abs. II Nr. 1 StGB geht darüber hinaus: Dort ist das Wahlrecht in der in Art. 38 GG enthaltenen Form aufgeführt, d. h. die allgemeine, unmittelbare, freie, gleiche und geheime Wahl. Diese zuletzt genannte Form einer Wahl ist aber nicht die für eine Demokratie einzig denkbare Form; vielmehr wird man auch eine mittelbare Wahl als demokratisch bezeichnen müssen — wird doch der Bundespräsident und auch der Präsident der Vereinigten Staaten von Amerika in mittelbarer Wahl gewählt. Da zudem Art. 38 GG abänderbar ist, könnte eine mittelbare Wahlform einzuführen erstrebt werden, ohne daß darin ein Verfassungsverstoß oder ein Grundrechtsfehlgebrauch gesehen werden könnte[27]; mithin würde eine solche Verfassungsänderung auch kein Widerstandsfall sein.

Alle diese Verfassungsgrundsätze hängen eng miteinander zusammen in dem Sinne, daß die Verletzung nur eines dieser Grundsätze

---

[27] Vgl. dazu *Maunz-Dürig*, Grundgesetz, Anm. VIII 10 b zu Art. 2.

kaum denkbar ist, daß vielmehr die Beseitigung des einen notwendig auch die Beseitigung der andern nach sich zieht und dann tatsächlich von einer beginnenden Gewalt- und Willkürherrschaft gesprochen werden kann. Wenn nämlich das Volk die Staatsgewalt nicht mehr in Wahlen und Abstimmungen ausüben und somit die Volksvertretung nicht mehr frei gewählt werden kann, so ist gleichzeitig auch die Ausübung einer parlamentarischen Opposition nicht mehr gewährleistet. Das alles hängt eng miteinander zusammen; es bedeutet zugleich auch, daß nicht mehr die Rede davon sein kann, daß die Regierung in der Weise, wie es in § 92 Abs. II Nr. 4 StGB gemeint ist, der Volksvertretung verantwortlich ist.

Nun ist nach Art. 20 Abs. I GG die Bundesrepublik aber auch ein Bundesstaat, und die Gliederung des Staatsgebietes in Länder und die grundsätzliche Mitwirkung der Länder bei der Gesetzgebung sind nach Art. 79 Abs. III GG der Verfassungsänderung entzogen. Die derzeitige Gliederung der Länder und die derzeitige Art der Mitwirkung der Länder bei der Gesetzgebung sind nicht unabänderlich, sondern nur die grundsätzliche Aufteilung des Bundesgebietes in Länder und der Grundsatz, daß die Länder in irgend einer Weise bei der Gesetzgebung mitzuwirken haben. Angesichts dieser Unabänderlichkeitsgarantie des Art. 79 GG wird man diese Regeln wohl auch zu den Grundpfeilern unserer Staatsordnung rechnen müssen. Deshalb ist die bundesstaatliche Ordnung in dem eben skizzierten Sinne einer der Verfassungsgrundsätze, deren Verletzung zum Widerstand berechtigt. Der Versuch einer gewaltsamen Einführung eines Einheitsstaates berechtigt also zur Ausübung des Widerstandsrechts, mag dieser Einheitsstaat auch noch so sozial und demokratisch beabsichtigt sein. Dies Ergebnis mag zwar merkwürdig anmuten im Zeitalter der Bemühungen um ein geeintes Europa, in einer Zeit, in welcher nicht nur in der Wirtschaft, sondern auch im kommunalen Bereich die Verhältnisse immer mehr zu möglichst großräumigen Lösungen drängen, und außerdem die Zuständigkeiten der Länder durch die Macht der Verhältnisse immer mehr eingeengt werden[28]. Angesichts des klaren Zusammenhangs der Rechte des Art. 20 Abs. IV GG mit sämtlichen in den Abs. I bis III des Art. 20 enthaltenen Verfassungsgrundsätzen kann dieses Ergebnis aber nicht angezweifelt werden.

---

[28] Wofür der Ruf nach einem Bundeskultusministerium unter Aufhebung der entsprechenden Zuständigkeit der Länder, mehr noch die häufigen Konferenzen der Länderminister zur Erarbeitung bundeseinheitlicher Lösungen ein aktueller Beweis sind.

V. Die Besonderheiten des Staatsnothilferechts

Wenn eine Partei oder eine andere Personengruppe einen Umsturz, eine Revolution erstrebt, ist es selbstverständlich wichtig, den Kampf gegen diese umstürzlerische Gruppe mit allen Mitteln eines legalen politischen Kampfes zu führen. Das ist rechtmäßig; dafür bedarf es keiner Berufung auf das Widerstandsrecht. Was darüber hinaus zu tun ist, ist in der Regel Sache des Staates. Zu seinen Aufgaben gehört es selbstverständlich, rechtzeitig geeignete Maßnahmen zu seinem Schutz zu ergreifen. Kann er mit seinen eigenen Machtmitteln einer Umsturzbewegung nicht mehr Herr werden, so liegt es an ihm selbst, freiwillige Helfer aufzurufen, deren Tätigkeit zu umgrenzen und damit zu legalisieren. Im modernen Staat ist jegliche Art von Selbsthilfe eingeschränkt und nur in Ausnahmefällen, wenn obrigkeitliche Hilfe nicht zu erlangen ist, zulässig. Das gilt erst recht im öffentlichen Recht für eine Hilfestellung des Bürgers zugunsten des Staates, der den Bürger doch schützen soll. Ein Eingreifen des Bürgers zugunsten der Staatsgewalt, ohne daß von ihr ein entsprechender Aufruf vorliegt, will denn auch nicht recht in das Bild des Staates als Schützer seiner Untertanen passen. Deshalb ist es nicht verwunderlich, daß bis in die Zeit des ersten Weltkrieges hinein ein Nothilferecht der einzelnen zugunsten hoheitlicher Staatsfunktionen in der Rechtswissenschaft nicht anerkannt wurde. Es war auch ein Bedürfnis dafür nicht denkbar. Das wurde in den turbulenten Zeiten der Weimarer Republik anders. Damals — besonders im Zusammenhang mit den sogenannten Fememordprozessen — wurden Situationen sichtbar, in denen immerhin ein Bedürfnis nach der Anerkennung eines Rechtes des einzelnen, zugunsten hoheitlicher Staatsfunktionen Nothilfe zu üben, erkennbar war. Seither ist Nothilfe zugunsten hoheitlicher Staatsaufgaben zumeist grundsätzlich anerkannt gewesen[29]. Wenn also Art. 20 Abs. IV GG jetzt dem einzelnen Staatsbürger das Recht gibt, gegen jeden vorzugehen, der es unternimmt, die verfassungsmäßige Ordnung zu stürzen, so ist das nur die verfassungsmäßige Anerkennung der bisher in Rechtsprechung und Rechtslehre entwickelten Staatsnothilfe für den Bereich des Unternehmens eines Umsturzes der demokratischen Staatsform in der Bundesrepublik. Wenn dafür der Ausdruck „Widerstandsrecht" gebraucht wird, so vermag das doch nicht darüber hinwegzutäuschen, daß es sich der Sache nach insoweit um die Staatsnothilfe, nicht um das klassische Wi-

---

[29] RGSt 63, 215 ff.; *v. Hippel*, Deutsches Strafrecht, 1930, Bd. II S. 204 ff.; *Frank*, Strafgesetzbuch, 18. Aufl. 1931, Anm. 1 zu § 53; *Oetker*, in: GS 97, 411 ff.; *v. Weber*, Grundriß, 1946, S. 91; im neueren Schrifttum z. B. *Baumann*, Strafrecht, Allg. Teil, 4. Aufl. 1966, S. 318; *Mezger-Blei*, Strafrecht, Allg. Teil, 10. Aufl. 1963, S. 118; *Welzel*, Strafrecht, 9. Aufl. 1965, S. 81; *Mezger* im Leipz. Kommentar, 8. Aufl. 1957, S. 347 ff.

derstandsrecht gegen unrechtmäßige Ausübung der Staatsgewalt handelt. Man mag beide Rechte allerdings entsprechend dem heimisch gewordenen Sprachgebrauch unter den Begriff „Widerstand" zusammenfassen können. Darauf ist schon hingewiesen worden im vorangehenden Abschnitt II.

Dieses Staatsnothilferecht ist nur subsidiär, d. h. der einzelne darf nur dann eingreifen, wenn die Staatsorgane nicht tätig werden können[30]. Das ist in Art. 20 GG noch einmal ausdrücklich bestimmt worden. Dieser Fall ist z. B. dann gegeben, wenn der Staat grundsätzlich nicht tätig werden will, etwa weil er das Umsturzunternehmen begünstigt. Hier gilt das entsprechend, was zuvor hinsichtlich der „Ausnahmesituation" als Voraussetzung für die Ausübung des echten Widerstandsrechts gesagt worden ist. Man muß noch hinzufügen, daß gerade eine einzelne falsche Entscheidung eines Organs des sonst abwehrwilligen Staates gegenüber der umstürzlerischen Gruppe zwar eine durchaus gefährliche Situation für das Staatsganze herbeizuführen geeignet sein wird, weil dadurch u. U. dem Lauf des Umsturzunternehmens entscheidende Hindernisse aus dem Weg geräumt werden können. Einer solchen bedrohlichen Situation muß der Staat aber noch mit seinen Machtmitteln begegnen; sie berechtigt noch nicht zur Staatsnothilfe. Das Staatsnothilferecht kann aber auch dann in Betracht kommen, wenn die staatlichen Machtmittel trotz des vorhandenen Willens zur Abhilfe nicht mehr ausreichen. Wann dieser Zeitpunkt gekommen ist, wird für den einzelnen immer äußerst schwer zu entscheiden sein, weil hierbei genau wie bei der Beantwortung der Frage, ob eine Notwehrlage im Sinne von § 53 StGB vorliegt, objektive Beurteilungsmaßstäbe anzuwenden sind; die subjektive Vorstellung des einzelnen, die staatlichen Machtmittel reichten nicht aus, vermag die Nothilfelage nicht zu begründen. Soweit die normale Notwehrlage des § 53 StGB in Betracht kommt, so sind die Umstände, auf denen die Notwehrlage beruht, immer leicht überschaubar. Der Angegriffene kann leicht eine den objektiven Gegebenheiten entsprechende subjektive Vorstellung der Lage gewinnen. Bei der Staatsnothilfe trifft das normalerweise nicht zu. Die Umstände, auf denen das Recht zum Eingreifen für den einzelnen beruht, sind immer schwer durchschaubar und verworren. Auf die sich daraus besonders leicht ergebenden Irrtumsmöglichkeiten und deren Folgen wird noch einzugehen sein.

Wenn Art. 20 Abs. IV GG auch keine weiteren Einschränkungen oder Voraussetzungen der Staatsnothilfe nennt, so ist daraus aber nicht zu entnehmen, daß solche Voraussetzungen nicht vorhanden sind. Denn Art. 20 Abs. IV GG sollte nach dem Willen des Gesetzgebers keinen

---

[30] *Mezger* im Leipz. Kommentar, a.a.O.; *Welzel*, a.a.O.

V. Die Besonderheiten des Staatsnothilferechts

völlig neuen Rechtfertigungsgrund schaffen, insbesondere dem einzelnen kein schrankenloses Recht zur Unrechtsbekämpfung gewähren. Die Art und der Umfang der weiteren Einschränkungen hängen aber wesentlich davon ab, welche Rechtsnatur man der Staatsnothilfe zuspricht. Das war bisher streitig und ist leider durch die Aufnahme des Staatsnothilferechts in die Verfassung auch nicht geklärt worden. *Boldt*[31], *Welzel*[32] und *Mezger*[33] sehen in der Staatsnothilfe einen übergesetzlichen politischen Rechtfertigungsgrund, in welchem sinngemäß Gesichtspunkte der Notwehr und der Gedanke der Verhältnismäßigkeit[34] sowie das Güterabwägungsprinzip[35] Anwendung finden sollen. Bedenklich an dieser Auffassung ist, daß dabei letztlich politische Gesichtspunkte zur Rechtfertigung führen, womit die Gefahr des Vorranges der Politik vor dem Recht auch innerhalb der Rechtsordnung selbst heraufbeschworen wird[36]. Darin eingeschlossen ist die Gefahr, daß dieser Rechtfertigungsgrund zu weit ausgedehnt wird. Deshalb ist es schon besser, im Anschluß an die Rechtsprechung des Reichsgerichts[37] die Staatsnothilfe als einen Unterfall der Notwehr anzusehen und demgemäß die Voraussetzungen des § 53 StGB auch auf diesen Rechtfertigungsgrund Anwendung finden zu lassen[38]. Nun wird zwar gelegentlich die Auffassung vertreten, der Nothelfer müsse dem Träger des angegriffenen Rechtsgutes gleichgestellt sein[39], so daß bei der Nothilfe zugunsten des Staates § 53 StGB nicht anwendbar wäre. Das Ergebnis wird dadurch aber nicht verändert. Ist § 53 StGB nicht unmittelbar anwendbar, so sind seine Voraussetzungen jedenfalls sinngemäß auf die Staatsnothilfe anzuwenden. Deshalb kann diese Streitfrage auf sich beruhen.

Die Voraussetzungen der Notwehr sind verhältnismäßig klar durchschaubar, was gerade für die Fälle, für die Art. 20 Abs. IV GG gedacht ist, einen nicht unbeträchtlichen Vorteil darstellt. Hier kann auf das allgemeine Strafrechtsschrifttum und die zahlreichen dazu ergangenen gerichtlichen Entscheidungen verwiesen werden. Nur kurz seien die wesentlichsten Gesichtspunkte angedeutet:

---

[31] ZStW 56, 183.
[32] a.a.O., S. 81.
[33] Bei *Nagler* im Leipziger Kommentar, a.a.O.
[34] So *Welzel*.
[35] So Leipziger Kommentar.
[36] s. *Baumann*, a.a.O., S. 318 und in: NJW 1961, 1745 (in einer Anm. zu einer Entscheidung des OLG Düsseldorf).
[37] RGSt 63, 215 ff.
[38] So *Frank*, a.a.O., Anm. 1 zu § 53 StGB; *Baumann*, a.a.O., S. 318; *v. Hippel*, Strafrecht, Bd. II S. 206; *Schwarz-Dreher*, Strafgesetzbuch, 30. Aufl. 1968, Anm. 3 C zu § 53.
[39] Vgl. zu diesen Fragen: *Jagusch* im Leipz. Kommentar, Anm. 4 zu § 53; *Mayer*, Strafrecht, Allg. Teil, 1953, S. 203; BGHSt 5, 245 (247).

Es ist notwendig, daß die Abwehrhandlung objektiv gesehen Verteidigung ist. Das bedeutet, daß sie darauf gerichtet sein muß, den Angriff abzuwehren und daß sie auch von dem Willen getragen werden muß, die verfassungsmäßige Ordnung gegen den Umsturz zu verteidigen. Insofern gilt wieder sinngemäß das zuvor zu den entsprechenden Voraussetzungen des Widerstandsrechts Gesagte.

Außerdem kann nur diejenige Handlung gerechtfertigt sein, die zur Abwehr des Umsturzunternehmens in seiner konkreten Form erforderlich ist. Die Erforderlichkeit ist objektiv, jedoch ex ante zu bemessen. Es kommt also auf das objektive Ausmaß, die Stärke und das jeweilige Stadium des Umsturzunternehmens an. Handelt es sich z. B. zunächst nur um eine bloße Flugblattaktion, so genügt in der Regel die Wegnahme und Vernichtung der Flugblätter, also Diebstahl und Sachbeschädigung. Körperverletzungen der Flugblattverteiler könnten dann noch nicht so ohne weiteres gerechtfertigt sein. Erscheint das Umsturzunternehmen von vornherein aus sich heraus zum Scheitern verurteilt, so ist keine oder doch nur eine geringe Abwehrmaßnahme erforderlich, die sich u. U. auf die Isolierung der Umstürzler, ein Verhindern des Ausbreitens der Bewegung, beschränken kann. Immer muß das am wenigsten schädliche oder gefährliche Mittel zur Abwehr gewählt werden, sofern die mehreren, zur Wahl stehenden Mittel gleich wirksam sind und genügend Zeit zur Auswahl bleibt.

Bei dem in § 53 StGB vorausgesetzten Angriff muß es sich an sich nicht unbedingt um eine strafbare Handlung handeln. Handelt es sich aber um eine solche — und ein Unternehmen eines Staatsumsturzes, wie es Art. 20 Abs. IV GG voraussetzt, ist eine strafbare Handlung — so braucht diese noch nicht bis zum Versuchsstadium gediehen zu sein. Es ist vielmehr der gesamte Geschehensablauf einschließlich der Vorbereitungshandlungen als Angriff aufzufassen. Der Begriff des Angriffs ist von dem der Tatbestandsmäßigkeit einer strafbaren Handlung gelöst und fällt ungefähr mit der tatsächlichen Durchführung des einmal gefaßten Umsturzplanes zusammen[40]. Dieser Angriff muß gegenwärtig sein. Das heißt, er muß entweder schon begonnen haben, oder unmittelbar bevorstehen, oder alsbald Wirklichkeit zu werden drohen, so daß er gerade jetzt abgewehrt werden muß, soll es zu erfolgreicher Abwehr nicht zu spät sein[41]. Bloße unbestimmte Befürchtungen eines Angriffs rechtfertigen allerdings keine Verteidigungshandlungen. Weiter zurückliegende Vorbereitungshandlungen können u. U. den Schluß auf die Möglichkeit eines zukünftigen Angriffs zulassen[42]; dagegen und gegen

---

[40] *Jagusch* im Leipz. Komm., Anm. 2 e zu § 53 StGB.
[41] *Jagusch*, a.a.O.; *Kohlrausch-Lange*, Strafgesetzbuch, 43. Aufl., 1961, Anm. VI zu § 53.
[42] RGSt 48, 215 (217).

ein erst geplantes Umsturzunternehmen, gegen ein Unternehmen, dessen Ausführungshandlungen nicht so unmittelbar vor der Tür stehen, daß es in der nächsten Minute schon zur Abwehr zu spät ist, ist nur die Vorbereitung der künftigen Verteidigung statthaft[43]. Ebenso versagt der Rechtfertigungsgrund der Staatsnothilfe, wenn der Staatsumsturz beendet, die verfassungsmäßige Ordnung bereits außer Kraft getreten ist.

Rechtsgüter Dritter, d. h. solcher Personen, die nicht zu den Umstürzlern gehören, dürfen nicht verletzt werden[44]. Anders ist es nur dann, wenn es sich um der Allgemeinheit zustehende Rechtsgüter handelt[45]. Das ist eine bedeutsame und gerade für die Staatsnothilfe oft schwer zu erfüllende Einschränkung der Notwehr. Was damit gemeint ist, zeigt folgendes Beispiel: Trägt Y, der den X unberechtigt angreift, einen dem Z gehörenden Mantel, so rechtfertigt die Notwehr nicht die Beschädigung des Mantels bei der Abwehr des Angriffs. Eine Abwehrhandlung, die zugleich in Rechtsgüter des Angreifers und eines unbeteiligten Dritten eingreift, kann hinsichtlich des Eingriffs in die Rechtsgüter des Angreifers rechtmäßig, im übrigen rechtswidrig sein. Dagegen ist gerade für den Fall der Staatsnothilfe eingewendet worden, daß dadurch der einheitliche Lebensvorgang der Verteidigung, der Abwehr eines Angriffs gegen den Staat zerrissen werde[46]. Dieser Einwand ist aber nicht stichhaltig. Die Rechtmäßigkeit einer Handlung richtet sich nach ihrer sozialen Wirkung. Liegen mehrere Wirkungen nach verschiedenen Richtungen vor, so können sich durchaus verschiedene Beurteilungen ergeben[47]. Nun können ohnehin mit der Verteidigungshandlung unmittelbar zusammenhängende Eingriffe in die Rechtsgüter unbeteiligter Dritter dann gerechtfertigt sein, wenn es sich um die Beschädigung oder Zerstörung einer gefahrbringenden fremden Sache handelt (§ 228 BGB) oder wenn die Einwirkung auf die fremde Sache, von der die Gefahr nicht auszugehen braucht, zur Abwendung einer gegenwärtigen Gefahr nötig und der drohende Schaden gegenüber dem aus der Einwirkung entstehenden Schaden unverhältnismäßig groß ist (§ 904 BGB). Beide Vorschriften des Bürgerlichen Gesetzbuches enthalten ebenfalls Rechtfertigungsgründe. Darüber hinaus ist nach herrschender Meinung ein mit der Verteidigung notwendigerweise verbundener Eingriff in Rechtsgüter, die der Allgemeinheit zustehen, und ein damit verbundener Verstoß gegen Vorschriften sicherheits-, verkehrs-

---

[43] *Jagusch*, a.a.O., mit weiteren Nachweisen.
[44] RGSt 58, 27; BGHSt 5, 245 (247).
[45] RGSt 21, 171.
[46] *Boldt*, a.a.O., S. 211; ebenso wohl *Kohlrausch-Lange*, a.a.O., Anm. VI zu § 53.
[47] *v. Weber*, a.a.O., S. 90.

oder ordnungspolizeilicher Natur durch § 53 StGB mit gerechtfertigt[48]. Außerdem kann die Notwehrlage auch für Eingriffe in Rechtsgüter unbeteiligter Dritter von Bedeutung sein, weil sie ein Entschuldigungsgrund im Sinne von § 54 StGB sein kann, wenn gleichzeitig die Voraussetzungen dieser Vorschrift erfüllt sind. Soweit die Verletzung der Rechtsgüter Unbeteiligter nicht vorsätzlich geschehen ist, kann im Einzelfall die Notwehrsituation auch dazu führen, daß Fahrlässigkeit zu verneinen sein wird[49]. Was wirklich unumgänglich notwendig ist, ist also auf Grund der genannten Vorschriften gerechtfertigt oder doch wenigstens entschuldigt.

Weitergehenden Schutz genießt der Nothelfer nicht, wenn er gleichzeitig mit der Verteidigungshandlung in Rechtsgüter unbeteiligter Dritter eingreift. Das ist zu begrüßen, weil nur so eine wirksame Schranke vor mehr oder weniger leichtfertigen Eingriffen in die Rechtsgüter Unbeteiligter im Falle der Staatsnothilfe aufgerichtet bleibt. Ein Bedürfnis für eine schrankenlose Zulassung der Verletzung von Rechtsgütern Dritter, wie es — allerdings gegen eine Pflicht zur Entschädigung — im Zusammenhang mit Art. 20 Abs. IV GG gefordert worden ist[50], kann nicht anerkannt werden und wäre gerade in der Situation der Staatsnothilfe gefährlich, weil das in dieser Situation ohnehin gefährdete Volksvermögen dann noch leichter und für die Täter ungefährlicher in Mitleidenschaft gezogen werden könnte. Daß etwaige Ersatzansprüche in einer solchen Situation schwer realisierbar wären, bedarf keiner weiteren Ausführungen. Im übrigen entspricht der möglichst weitgehende Schutz der Rechtsgüter der unbeteiligten Dritten vor Eingriffen den Mindestanforderungen des Völkerrechts bei bewaffneten Konflikten. Die in allen vier Genfer Abkommen von 1949, denen die Bundesrepublik durch Gesetz vom 21. August 1954 beigetreten ist, gleichlautenden Art. 3 bestimmen, daß im Falle eines bewaffneten Konflikts, der keinen internationalen Charakter hat, also im Falle eines Bürgerkriegs, keine schrankenlose Grausamkeit und Willkür herrschen darf, sondern daß auch dann die wesentlichsten Mindestforderungen der Menschlichkeit beachtet werden müssen. Dazu wird ausdrücklich festgelegt, daß u. a. Angriffe auf das Leben und die Person, namentlich die Tötung, Verstümmelung, grausame Behandlung und Folterung und die Beeinträchtigung der persönlichen Würde von Menschen, die nicht unmittelbar an Feindseligkeiten teilnehmen, unter allen Umständen verboten sind. Wenn so mit anderen Worten schon die im internationalen Recht festgelegten Mindestanforderungen der Menschlichkeit ver-

---

[48] *Jagusch* im Leipz. Komm., a.a.O., Anm. 3 d zu § 53; *Schönke-Schröder*, Strafgesetzbuch, 14. Aufl. 1969, Rz. 25 zu § 53.
[49] RGSt 58, 27.
[50] So z. B. von *v. Peter*, in: DÖV 1968, 719.

bieten, in die Rechtsgüter des Lebens, der Gesundheit und der Menschenwürde unbeteiligter Dritter im Falle eines Bürgerkrieges einzugreifen, dann gelten die nach innerdeutschem Recht in dem vorerwähnten Umfang weitergehenden Beschränkungen für Eingriffe in die Rechtsgüter unbeteiligter Dritter im Falle der Notwehr ganz sicher auch für den Fall der Staatsnothilfe. Dabei ist es gleichgültig, ob die Nothilfe durch diese Beschränkungen nicht vielleicht im Einzelfall weniger wirksam sein wird. Das muß um des Rechtes willen, das es ja aufrechtzuerhalten gilt, in Kauf genommen werden.

Bei der Ausübung des echten Widerstandsrechts ist übrigens die Gefahr, daß der Handelnde gleichzeitig mit der Bekämpfung staatlichen Unrechts auch in Rechtsgüter unbeteiligter Dritter eingreift, geringer als bei der Staatsnothilfe. Immerhin sind solche Eingriffe denkbar. In diesen Fällen gilt sinngemäß dasselbe, was zuvor für den Bereich der Staatsnothilfe ausgeführt worden ist. Das Widerstandsrecht als solches vermag derartige Eingriffe in Rechtsgüter Unbeteiligter nicht zu rechtfertigen. Wenn eine Rechtfertigung nicht auf Grund anderer Vorschriften erfolgen kann, dann bleibt der Eingriff rechtswidrig. In solchen Fällen werden aber fast immer die Voraussetzungen des Notstandes nach § 54 StGB vorliegen, so daß der Handelnde wenigstens entschuldigt ist.

Dritter Teil

Die praktische Anwendung der Rechte aus Art. 20 Abs. IV des Grundgesetzes

I. Allgemeines und Entschädigungspflichten

Man wird nicht sagen können, die Notrechte aus Art. 20 Abs. IV GG eröffneten einen uferlosen Rechtfertigungsgrund für politische Straftaten und brächten nun wenigstens für diese Art von Straftaten ein allgemeines Recht zur Verbrechensverhinderung. Die Rechtfertigung einer Tat nach Art. 20 Abs. IV GG ist an sehr enge Voraussetzungen geknüpft, wie die bisherige Untersuchung gezeigt hat. Uferlos ist der Rechtfertigungsgrund sicher nicht. Ein allgemeines Recht zur Verbrechensverhinderung besteht deshalb nicht, weil nur die zur Abwehr eines gegenwärtigen, unmittelbar drohenden Umsturzes bzw. die zur Abwehr von schwerem staatlichen Unrecht erforderlichen Handlungen erlaubt sind. Innerhalb dieser Schranken hatte der einzelne schon immer das Recht zur Abwehr in Gestalt der Nothilfe und des Widerstandsrechts[1]. Daß hierfür auf Grund der geschichtlichen Erfahrungen ein dringendes Bedürfnis besteht, braucht nicht weiter ausgeführt zu werden.

Es mag allerdings sein, daß Art. 20 Abs. IV GG den Vorwand zu Angriffen auf den Staat in Gestalt von scheinbaren Hilfsaktionen geben kann, oder daß durch das Handeln der Staatsbürger in vermeintlicher Nothilfesituation eine Krise verschärft wird. Derartige Handlungen und derartige Folgen lassen sich nie ausschließen und verhindern; allerdings wird nicht geleugnet werden können, daß allein das Bestehen dieser Verfassungsvorschrift manchen leicht entzündbaren und wenig überlegenden Staatsbürger zu unbedachten Handlungen verleiten kann.

In der Situation, die die Rechte aus Art. 20 Abs. IV GG voraussetzen, ist das Staatsvolk gespalten. Eine der Mehrheit der Bürger gemeinsame Vorstellung von den Grundlagen des bestehenden Staates existiert nicht mehr. Unter solchen Umständen wird die Ausübung des Widerstandsrechts und des Staatsnothilferechts mindestens die Gefahr des Bürgerkrieges mit sich bringen. Diese Gefahr besteht dann zwar ohnehin, nur kann bei oberflächlicher Betrachtung der Eindruck entstehen, als legalisiere die Rechtsordnung durch die Anerkennung des Wider-

---

[1] Darauf hat *R. v. Hippel* schon 1930 hingewiesen (a.a.O., S. 206).

I. Allgemeines und Entschädigungspflichten

standsrechts und der Staatsnothilfe diesen Kampf der Staatsbürger untereinander. Das ist aber in Wahrheit nicht der Fall, genausowenig wie die Rechtsordnung einen Umsturz, eine Revolution erlauben kann. Art. 20 Abs. IV GG gibt vielmehr nur einen rechtlichen Maßstab, an welchem das Handeln der „Bürgerkriegsparteien" gemessen werden und in rechtmäßiges und rechtswidriges Handeln eingeteilt werden kann.

Derjenige, der sich berechtigterweise auf das Staatsnothilferecht beruft, wird zwar sofort die gebührende Anerkennung finden, wenn der Umsturz erfolgreich abgewehrt ist. Auch dann ist aber das Risiko des Handelns groß, weil immer die Gefahr des Irrtums über das Ausmaß der Gefahr und das Fehlen staatlichen Eingreifens naheliegt. Hat dagegen der Umsturz Erfolg gehabt und sind die Verfassungsgrundsätze des demokratischen Rechtsstaats, wie sie in Art. 20 GG niedergelegt sind, endgültig beseitigt, ist demgemäß die Nothilfehandlung erfolglos geblieben, so hängt das Schicksal des Nothelfers allein von dem neuen Regime ab. Insofern befindet sich der Nothelfer in derselben Lage wie derjenige, der Widerstand gegen unrechtmäßige Ausübung der Staatsgewalt geleistet hat. Bleibt nämlich der Widerstand im Endergebnis erfolglos, so nützt das Bestehen des Widerstandsrechts dem einzelnen Bürger, der Widerstand geleistet hat, zunächst nichts. Lassen sich die Machthaber schon derart schwere Verfassungsverletzungen zuschulden kommen, daß dagegen Widerstand berechtigt ist, so werden sie auch nicht geneigt sein, das Widerstandsrecht als Rechtfertigungsgrund anzuerkennen. Die Frage, ob eine Handlung durch das Widerstandsrecht gedeckt und damit rechtmäßig war oder nicht, kann nur in zeitlichem oder örtlichem Abstand von der Tat geprüft werden, nämlich entweder nach Beendigung der Unrechtsherrschaft oder an einem Ort, der ihrer Macht entzogen ist. Dennoch ist die Prüfung dieser Frage nicht rein theoretischer Natur. Das Widerstandsrecht ist nicht bedeutungslos.

Denn immerhin spornt das Wissen darum, daß die Widerstandshandlung rechtmäßig ist, zu solchen Taten an. Schließlich ist es auch später nicht gleichgültig, ob eine früher begangene Handlung rechtmäßig gewesen ist oder nicht. War sie rechtmäßig, so müssen nach Beendigung der Unrechtsherrschaft alle Folgen einer etwa früher erfolgten Charakterisierung der Tat als rechtswidrige Handlung wieder beseitigt werden[2]. Demjenigen, der rechtmäßig handelte, steht im wieder hergestellten Rechtsstaat Schutz gegen Anzweiflungen jeder Art zu. Er darf nicht als vorbestraft gelten, mag er auch noch so lange im Gefängnis gesessen haben. Außerdem kann es sein, daß ihm eine finanzielle Entschädigung zusteht zum Ausgleich für die Nachteile, die ihm früher we-

---

[2] *Tsatsos*, in: Staat 1962, 158 (171).

gen des geleisteten Widerstandes zugefügt worden sind. In Deutschland besteht heute eine solche Entschädigungspflicht des Staates für während der Zeit des Nationalsozialismus erlittenes Unrecht. Der Gesetzgeber versuchte, jene Zeit gewissermaßen ungeschehen zu machen. Diese Absicht hat sich aber nicht wirklich perfekt durchführen lassen und ist auch wohl nicht durchführbar. Auf weitere Einzelheiten der Entschädigungsleistung soll in diesem Zusammenhang nicht eingegangen werden, weil sie mit dem Thema unserer Untersuchung nur noch mittelbar zu tun haben. Einige grundsätzliche Bemerkungen sind dazu jedoch notwendig. Zunächst einmal wird man nicht sagen können, daß eine naturrechtliche, überpositive Rechtspflicht des Staates zur Entschädigung in dem Sinne bestünde, daß notwendigerweise mit jeglicher Ausübung des Widerstandsrechts später ein materieller Ausgleich für im Zusammenhang mit den Widerstandshandlungen erlittene Schäden verbunden sein müßte. Der wiederhergestellte Rechtsstaat mag höchstens moralisch zum Ausgleich solcher Schäden verpflichtet sein. Das bedeutet aber, daß es keine festen Rechtsregeln darüber gibt, wie der Staat später die Entschädigungen leistet, mit anderen Worten, welche Arten von Widerstandshandlungen einen Entschädigungsanspruch begründen sollen. An den Gleichheitsgrundsatz ist der Gesetzgeber allerdings dabei selbstverständlich immer gebunden. Außerdem darf für widerrechtliche Handlungen sicher keine Entschädigung gewährt werden. Wer also — ohne daß die Voraussetzungen des Widerstandsrechts vorlagen — den politischen Gegner, der Anhänger des Unrechtsregimes war, kurzerhand umbrachte und dafür bestraft wurde, kann für die erlittene Strafe keinen Ausgleich beanspruchen. Andererseits können nicht nur solche Handlungen entschädigt werden, die erst durch die Heranziehung des Widerstandsrechts gerechtfertigt sind, und ohnehin rechtmäßige Handlungen können nicht generell von der Entschädigungspflicht ausgenommen werden.

Der Widerstand Leistende ist grundsätzlich nicht zum Schadensersatz verpflichtet, weil Art. 20 Abs. IV GG ein Rechtfertigungsgrund ist und rechtmäßige Handlungen nur in besonders bestimmten Ausnahmefällen, zu denen die Ausübung des Widerstandsrechts nicht gehört, zum Schadensersatz verpflichten. So kann auch beim politischen Streik, der in Ausübung des Widerstandsrechts unternommen wird — darauf wird im folgenden Abschnitt noch einzugehen sein — der andere vom Streik betroffene Sozialpartner keinen Schadensersatz beanspruchen — ein durchaus berechtigtes Ergebnis, weil er ja ebenfalls (auch) Staatsbürger ist und ihm der Erfolg eines politischen Streiks als Widerstandshandlung zugute kommen wird. Es ist deshalb nicht unbillig, wenn er das Risiko mittragen muß[3].

---

[3] *Reichl*, in: DB 1968, 1312.

I. Allgemeines und Entschädigungspflichten

Eine Pflicht zum Schadensersatz kann aber für den sich auf Art. 20 Abs. IV GG Berufenden dann in Frage kommen, wenn rechtmäßig in Rechtsgüter unbeteiligter Dritter eingegriffen worden ist. Nach § 228 BGB kommt im Fall des Verteidigungsnotstandes zwar nur dann eine Schadensersatzpflicht in Betracht, wenn der Handelnde, hier also der sich auf Art. 20 Abs. IV GG Berufende, die Gefahr, die von der fremden Sache drohte, selbst verschuldet hatte. Das wird selten der Fall sein. Häufiger wird aber die Schadensersatzpflicht nach § 904 Satz 2 BGB im Falle des aggressiven Notstandes in Betracht kommen. Wird eine fremde Sache notwendigerweise beschädigt zur Abwendung einer Gefahr, die nicht von dieser Sache ausgeht, so ist der Handelnde, hier also wieder der sich auf Art. 20 Abs. IV GG Berufende, in jedem Falle zum Ersatz des angerichteten Schadens verpflichtet.

Wenn so der Widerstand oder Staatsnothilfe Leistende nicht zum Ersatz des aus seinen Handlungen entstandenen Schadens verpflichtet ist, so bleibt dem Geschädigten immer noch die Möglichkeit, vom Staat nach den Vorschriften des Tumultschädengesetzes vom 12. 5. 1920 (RGBl I S. 941) in der Fassung vom 29. 3. 1924 (RGBl I S. 381) eine Entschädigung zu erlangen, wenn seine wirtschaftliche Existenz durch den erlittenen Schaden gefährdet ist. Weitere Voraussetzung würde allerdings sein, daß der Schaden durch offene Gewalt oder deren Abwehr im Zusammenhang mit inneren Unruhen verursacht worden wäre. Es müßte also die Ausübung der Rechte aus Art. 20 IV GG während innerer Unruhen erfolgt sein oder sie müßten zu inneren Unruhen geführt haben. Wenn man innere Unruhen als Bewegungen definiert, welche über einen begrenzten Personenkreis oder über eine engere räumliche Abgrenzung hinaus die Ruhe weiterer Volksschichten stören, d. h. das friedliche Zusammenleben der Menschen innerhalb des Staates verhindern[4], dann wird diese weitere Voraussetzung in der Regel jedenfalls bei der Ausübung der Rechte aus Art. 20 Abs. IV GG erfüllt sein. Bedeutsam ist allerdings, daß auf Grund des Tumultschädengesetzes nur der Ersatz von Sachschaden, nicht aber von Personenschaden möglich ist. Der Ersatz von Personenschäden war im Jahre 1924 aus dem Tumultschädengesetz herausgenommen und in § 18 des Personenschädengesetzes vom 15. 7. 1922 (RGBl I S. 620) übernommen worden. Das zuletzt genannte Gesetz, das am 22. 12. 1927 neu gefaßt worden war (RGBl I S. 515, 533), ist im Jahre 1950 durch das Gesetz zur Versorgung der Opfer des Krieges (Bundesversorgungsgesetz, BGBl I S. 791) aufgehoben worden. Eine Neuregelung des Ersatzes von Personenschäden, die im Zusammenhang mit inneren Unruhen entstanden sind, ist bisher nicht erfolgt[5].

---

[4] s. dazu *Henrichs*, in: NJW 1968, 973.
[5] s. *Häupke*, in: NJW 1968, 2229.

Diese Hinweise mögen genügen; auf nähere Einzelheiten des Schadensersatzes nach dem Tumultschädengesetz soll hier nicht eingegangen werden[6].

II. Die Organisierbarkeit des Widerstandes und der Staatsnothilfe

Bisher ist immer nur die Rede davon gewesen, daß das Widerstandsrecht und die Staatsnothilfe Rechte des einzelnen sind. Das ist insofern von Bedeutung, weil hier wieder der Gegensatz zum Umsturz, zur Revolution sichtbar wird: Zur Revolution gehört eine Massenbewegung, während Widerstand vom einzelnen ausgehen kann. Damit soll aber nicht gesagt werden, daß nur der einzelne rechtmäßig Widerstand oder Staatsnothilfe leisten darf, daß sich nicht mehrere zu gemeinsamem Widerstand zusammenschließen dürften[7]. Insbesondere sind heute die politischen Parteien zur Ausübung des Widerstandsrechtes berufen. Der einzelne nimmt über die Parteien am politischen Leben teil. Seinen politischen Willen kann er praktisch nur auf dem Wege über die Parteien zur Geltung bringen. Diese sind das „Medium zur Bildung funktionsfähiger Staatsorgane"[8]. In dieser ihrer politischen Funktion können die Parteien auch den Widerstand politisch organisieren, soweit das praktisch überhaupt durchführbar ist.

Zwar gehört zu den Prinzipien unserer heutigen Gesellschaft und unseres Staates, daß für jedes Bedürfnis und für jede Not, sobald sie hervortritt, eine rechtlich organisierte Abhilfe vorhanden ist oder geschaffen wird. Für die Ausnahmesituation, in der das Widerstandsrecht auflebt, gilt das aber nicht. Die Ausübung des Widerstandsrechts ist nicht rechtlich organisierbar. So verstanden hatte *Carl Schmitt* recht, wenn er das Widerstandsrecht als vor- und überstaatliches Menschen- und Freiheitsrecht als juristisch nicht organisierbar bezeichnet hat und seine Umleitung in ein bloßes staatlich zugelassenes Rechtsmittel für ausgeschlossen hielt[9]. *Geiger*[10] äußert sich sinngemäß genauso. *Heyland* allerdings hält die Ausübung des Widerstandsrechts einer rechtlichen Organisierung in dem Sinne für zugänglich, daß selbst im Falle einer beginnenden Unrechtsherrschaft immer noch ein aus verfassungstreuen Männern gebildetes „Notparlament" oder notfalls sonstige Persönlich-

---

[6] Vgl. dazu *Henrichs*, a.a.O., und die dort angeführte weitere Lit.
[7] *Heyland*, a.a.O., S. 87.
[8] *Fuß*, in: JZ 1959, 392; *Scheuner*, in: DÖV 1958, 641 und *Henke*, in: DÖV 1958, 646.
[9] *C. Schmitt*, Verfassungslehre, 1928, S. 164.
[10] *Geiger*, a.a.O., S. 114; s. auch *Krüger*, Allgemeine Staatslehre, 1964, S. 948.

keiten des öffentlichen Lebens rechtliche Anordnungen über die Art und Weise, in der jeweils Widerstand zu leisten ist, für alle Bürger verbindlich erlassen könnten[11]. Gewiß wird dies eine Möglichkeit sein, um dem Widerstand möglichst großen Erfolg zu verschaffen. Es ist aber sehr zweifelhaft, ob in einem solchen Fall überhaupt noch ein „Notparlament" zusammentreten kann. Überdies ist nicht einzusehen, woher diese Institution die Vollmacht herleiten könnte, Anordnungen mit dem Charakter von Rechtsvorschriften zu erlassen. Wenn in einer derartigen Situation noch etwas organisiert werden kann, so handelt es sich nicht mehr um rechtliche Festlegungen der Art und Weise des Widerstandes, sondern nur noch um eine politische Organisierung eines möglichst breiten Widerstandes. Es liegt auf der Hand, daß der Widerstand wenig Aussicht auf Erfolg hat, wenn er nur von dem unorganisierten Volk oder dem einzelnen ausgeht, und daß wirksamer Widerstand von bestimmten Gruppen und Institutionen ausgehen muß[12].

Eine wichtige Form des organisierten Widerstandes ist der politische Streik und die weniger wichtige politische Aussperrung, für die im Prinzip dasselbe wie für den politischen Streik zu gelten hat. Der politische Generalstreik hat als Staatsnothilfemaßnahme sozusagen seine Feuertaufe bestanden und seine Wirksamkeit bewiesen im Laufe des sogenannten Kapp-Putsches im März 1920. Bekanntlich war damals der von den Gewerkschaften ausgegebenen Parole zum Generalstreik allgemein Folge geleistet worden. Außerdem weigerte sich der Beamtenapparat, von den Umstürzlern Anordnungen entgegen zu nehmen; die Beamten, an der Spitze die Staatssekretäre, hatten von Anfang an erklärt, sie würden ihre Ämter ausschließlich im Auftrag des verfassungsmäßig gebildeten Reichsministeriums — die Minister waren zunächst von Berlin nach Dresden, dann nach Stuttgart geflüchtet — weiterführen und von anderen keine dienstlichen Weisungen entgegennehmen. Dieses Zusammenwirken zwischen Generalstreik und Beharrlichkeit der Beamten bewirkte damals den schnellen Zusammenbruch des Umsturzversuches.

Während der normale, als kollektive Arbeitskampfmaßnahme gewerkschaftlich beschlossene Streik nicht rechtswidrig ist[13], ist der Streik aus politischen Gründen grundsätzlich deshalb rechtswidrig, weil er keine eigentliche Arbeitskampfmaßnahme ist. Er genießt an sich auch keinen Verfassungsschutz[14]. Liegen bei einem Streik aber die Voraus-

---

[11] a.a.O., S. 118 f.
[12] *Geiger,* a.a.O., S. 91; vgl. auch die Untersuchungen v. *Borchs* (Obrigkeit und Widerstand, 1954).
[13] BAG 1, 291 ff.
[14] *Rüthers,* in: DB 1968, 1948.

setzungen des Widerstandsrechts oder des Staatsnothilferechts vor, so handelt es sich zwar um einen politischen Streik, aber eben auch um die Ausübung der Rechte aus Art. 20 Abs. IV GG, und deshalb ist ein solcher Streik rechtmäßig. Da das Widerstandsrecht und das Staatsnothilferecht dem einzelnen als Staatsbürger zustehen ohne Rücksicht auf seine Stellung als Arbeitgeber oder Arbeitnehmer, ist ein solcher Streik auch ohne vorangegangenen Streikaufruf und ohne Streikleitung der Gewerkschaft rechtmäßig[15].

Den Beamten steht zwar kein Streikrecht zu. Wenn sich aber Beamte einem in Ausübung des Widerstandsrechts unternommenen Streik anschließen, so handeln sie ebenfalls in Ausübung dieses Rechtes und damit rechtmäßig. Da der Beamte genau wie jeder andere Bürger den Rechtsstaat verteidigen soll, verstößt eine Teilnahme an einem in Ausübung des Widerstandsrechts oder des Staatsnothilferechts unternommenen politischen Streik auf keinen Fall gegen die spezifischen Treuepflichten der Beamten[16].

III. Das Verhältnis von Art. 20 Abs. IV GG zu anderen Notrechten und zum Parteienprivileg

Eine Kollision zwischen dem Widerstandsrecht und den Notwehrrechten des Staates selbst gibt es nicht. Beide Rechte wirken in die gleiche Richtung; sie dienen zur Verhinderung eines Staatsumsturzes oder zur Beseitigung der Folgen eines im Gange befindlichen Umsturzes. Wenn sich rechtmäßige Inhaber staatlicher Gewalt, die sich im Rahmen ihres Notwehrrechtes entsprechend den Notstandsvorschriften der Verfassung halten, und Staatsbürger gegenüberstehen, die sich auf die Ausübung des Widerstandsrechts berufen, dann kann nur eine dieser beiden Seiten recht haben[17]. Hier zeigt sich eine weitere folgenschwere Problematik des Widerstandsrechts, die schon einmal — im Abschnitt I dieses dritten Teils — angeklungen ist: In der Ausnahmesituation, in der das Widerstandsrecht und das Staatsnothilferecht Bedeutung erlangen können, fehlt die Autorität, die im Augenblick des Kampfes in verbindlicher Weise darüber entscheiden könnte, wer rechtmäßig handelt und wer nicht. In dieser Situation regiert die bloße Macht, die jede Rechtsentscheidung unmöglich machen kann.

Notwehrmaßnahmen des Staates selbst können mit dem Staatsnothilferecht begrifflich nicht kollidieren, weil derartige Handlungen gleichgerichtet sind. Dasselbe gilt für das Notwehrrecht des einzelnen und die

---

[15] s. auch *Reichl*, a.a.O.
[16] *Hoffmann*, in: AöR 1966, 141 (183).
[17] *Geiger*, a.a.O., S. 112 f.

III. Das Verhältnis von Art. 20 Abs. IV zur Notwehr und zu Art. 21

Rechte aus Art. 20 Abs. IV GG. Beide können an sich nicht kollidieren, weil derjenige, der sich auf das Widerstands- oder Staatsnothilferecht berufen kann, nicht rechtswidrig handelt und gegen seine Handlungen deshalb keine Notwehr möglich ist.

Fraglich ist das Verhältnis zwischen der Staatsnothilfe des Art. 20 Abs. IV GG und dem Parteienprivileg des Art. 21 GG. Im Grundgesetz ist den politischen Parteien erstmals — anders als in der Weimarer Verfassung — eine feste Rechtsstellung eingeräumt worden[18]. Art. 21 GG erkennt sie als bei der politischen Willensbildung mitwirkend an[19], und ihre in diesem Zusammenhang vorgenommenen Handlungen sind auf Grund des in Art. 21 GG enthaltenen Privilegs rechtmäßig, selbst wenn die Partei in verfassungsfeindlicher Absicht handelt. Das ändert sich erst mit der Entscheidung des Bundesverfassungsgerichts über das Verbot der Partei. Dementsprechend handeln auch die Parteimitglieder und -Funktionäre rechtmäßig, soweit sie sich bei der Förderung der Ziele der noch nicht verbotenen Partei nicht allgemein verbotener Mittel bedienen[20]. Das Widerstandsrecht gegen unrechtmäßige Ausübung der Staatsgewalt, welches sich nach den vorherigen Ausführungen ja nur gegen staatliche Hoheitsakte richtet, mögen sie vom wirklichen oder angemaßten Träger der Staatsgewalt ausgehen, kann nicht mit dem Parteienprivileg in Kollision geraten. Die Parteien wirken — wie gesagt — bei der politischen Willensbildung des Volkes mit. Selbst wenn sie diese Willensbildung allein, in autoritärer Form, vornehmen, so wird dadurch doch noch kein staatlicher Hoheitsakt erzeugt. Dieser kann der politischen Willensbildung immer erst folgen. Dazu bedarf es in irgendeiner Form einer Transferierung durch ein staatliches Organ, das begrifflich außerhalb der Partei liegen muß. Wenn sich allerdings Parteimitglieder staatliche Hoheitsgewalt anmaßen, so wird in der Regel eine gewaltsame Änderung der verfassungsmäßigen Ordnung der Bundesrepublik und damit Hochverrat vorliegen. Das würde über die allgemein erlaubten Mittel hinausgehen mit der Folge, daß dieses Vorgehen der Parteimitglieder von Art. 21 GG nicht mehr gedeckt wird und deshalb rechtswidrig ist. In solch einem Fall kann also beim Einschreiten gegen die Handlungen der Parteimitglieder keine Kollision zwischen den Rechten aus Art. 21 GG und denen aus Art. 20 Abs. IV GG eintreten.

Anders sieht es allerdings hinsichtlich des in Art. 20 Abs. IV GG niedergelegten Rechts zur Staatsnothilfe aus. Hier ist eine Kollision

---

[18] Vgl. *Heinemann*, in: NJW 1962, 889; *Scheuner*, in: DÖV 1958, 641; *Fuß*, JZ 1959, 392.
[19] Vgl. *Maunz-Dürig*, a.a.O., Anm. I zu Art. 21.
[20] BVerfGE 12, 296; BVerfGE 9, 162.

zwischen den Handlungen der Mitglieder einer Partei mit verfassungsfeindlichen Zielen und den sich auf das Staatsnothilferecht berufenden Bürgern möglich. Dieser Fall kann dann eintreten, wenn eine Entscheidung über das Verbot dieser Partei nicht mehr herbeigeführt werden kann, sei es, weil die Zeit nicht mehr ausreicht, sei es, weil der verfassungsmäßige Rechtsschutz versagt. Dann kann sich Handeln, welches auf Grund von Art. 21 GG rechtmäßig ist, mit auf Grund von Art. 20 Abs. IV GG rechtmäßigem Handeln gegenüberstehen. Dieser Konflikt kann nur dadurch gelöst werden, daß dem höherwertigen Rechtsgut der Vorrang gegeben wird. Art. 21 GG soll sicherstellen, daß die politische Willensbildung unter Mitwirkung der Parteien ungestört vor sich gehen kann. Bis zur gerichtlichen Feststellung ihrer Verfassungswidrigkeit ist die Partei in ihren auf die Förderung ihrer Ziele gerichteten Handlungen völlig frei. Fragen nach der Verfassungsmäßigkeit der Ziele sollen die politische Willensbildung nicht von vornherein belasten. Solche Fragen sind aber nicht bedeutungslos. Das Grundgesetz sieht die tragenden Verfassungsgrundsätze des Art. 20 GG als das höchste Rechtsgut der Verfassung an. Daß auch der Schutz dieser Grundsätze als vorrangig angesehen wird, ergibt sich allein schon aus der Einfügung des Abs. IV in Art. 20 des Grundgesetzes. Da die verfassungsmäßige Ordnung in ihren wesentlichen Teilen unter der Unabänderlichkeitsgarantie des Art. 79 Abs. III GG steht, während Art. 21 GG nicht unabänderlich ist, stellt die verfassungsmäßige Ordnung des Art. 20 GG das höherwertige Rechtsgut gegenüber Art. 21 GG dar. Das bedeutet, daß in einer Ausnahmesituation, in welcher eine Entscheidung des Bundesverfassungsgerichts über ein etwaiges Verbot der verfassungsfeindlichen Partei nicht herbeigeführt werden kann, das Staatsnothilferecht des Art. 20 Abs. IV GG dem Parteienprivileg vorgeht. Mithin handelt der sich auf die Staatsnothilfe Berufende rechtmäßig, wenn er gegen die Tätigkeit der Organe einer verfassungsfeindlichen Partei vorgeht, deren Handeln an sich formal von Art. 21 GG gedeckt ist.

IV. Folgen des Irrtums über einzelne Voraussetzungen des Widerstands- und Staatsnothilferechts

Wie schon erwähnt, ist die Gefahr groß, daß der Widerstand Leistende über die wahre Sachlage irrt. Noch größer ist diese Gefahr im Falle der Staatsnothilfe. Der Irrtum kann sich auf die Widerstands- oder Nothilfesituation beziehen; naheliegend ist auch ein Irrtum über die Intensität des Angriffs gegen die verfassungsmäßige Ordnung und damit zusammenhängend über die Erforderlichkeit der Verteidigungshandlung sowie über das Fehlen anderweitiger Abhilfe. Die Folge eines solchen Irrtums ist, daß der Rechtfertigungsgrund des Art. 20 Abs. IV

IV. Irrtumsfolgen

GG nicht eingreift und die Handlung rechtswidrig ist. Das entspricht dem bürgerlich-rechtlichen Rechtfertigungsgrund der Selbsthilfe nach § 229 BGB. Voraussetzung für die Selbsthilfe ist, daß staatliche Hilfe objektiv nicht oder nicht rechtzeitig erlangt werden kann. Die irrige, wenn auch entschuldbare Annahme, staatliche Hilfe könne nicht erlangt werden, kann kein Recht zur Selbsthilfe begründen. Die dennoch vorgenommene Handlung bleibt rechtswidrig mit der Folge, daß dagegen Notwehr zulässig ist [21].

Ob nun in einem solchen Falle nach rechtsstaatlichen Grundsätzen eine Bestrafung des Handelnden erfolgen kann, richtet sich nach den allgemeinen Grundsätzen des Strafrechts. Diese sollen hier nicht in allen Einzelheiten dargelegt werden; zum Verständnis genügen folgende Hinweise:

Sieht man in dem Merkmal des Art. 20 Abs. IV GG „wenn andere Abhilfe nicht möglich ist" nur eine objektive Bedingung der Rechtfertigung[22], so würde entsprechend der Behandlung der objektiven Bedingungen der Strafbarkeit, die in einigen Tatbeständen des Strafgesetzbuchs enthalten sind, ein Irrtum des Handelnden über diesen Umstand gänzlich belanglos sein. Es wäre dann für die Beurteilung der Rechtmäßigkeit der Handlung nur von Bedeutung, ob objektiv gesehen andere Abhilfe möglich war oder nicht. Nur in letzterem Falle könnte sich der Rechtfertigungsgrund des Art. 20 Abs. IV GG auswirken. Eine solche objektive Bedingung der Rechtfertigung ist aber in dem erwähnten Umstand nicht zu sehen. Der Grundsatz der Subsidiarität, der in dem erwähnten Merkmal enthalten ist, galt schon immer für die beiden in Art. 20 Abs. IV GG enthaltenen Notrechte. Speziell auf die Staatsnothilfe waren die Regeln der Notwehr schon immer anwendbar, wie oben näher erläutert worden ist. Bei der Notwehr gibt es aber keine objektive Bedingung der Rechtfertigung. Außerdem würde es zu unbilligen Ergebnissen führen, wenn derjenige, der (mehr oder weniger entschuldbar) irrtümlich die Voraussetzungen des Art. 20 Abs. IV GG für gegeben hält, strafrechtlich demjenigen gleichstände, der in voller Kenntnis der Tatsache einen Gesetzesverstoß begeht, daß er sich auf das Widerstands- oder Staatsnothilferecht nicht berufen kann. Die Schuld des Letzteren wiegt schwerer als die Schuld dessen, der sich im Irrtum befindet.

Das bedeutet, daß alle oben angeführten Irrtumsfälle nach denselben Grundsätzen zu lösen sind. Nach der in Rechtsprechung und Rechtslehre herrschenden Schuldtheorie handelt schon vorsätzlich im Sinne des

---

[21] *Enneccerus-Nipperdey*, Allgemeiner Teil des bürgerlichen Rechts, 15. Aufl. 1960, § 242 II, 3.
[22] *Schwarz-Dreher*, Strafgesetzbuch, 30. Aufl. 1968, Vorbem. 2 F vor § 51 StGB lassen diese Frage offen.

Strafrechts, wer die Merkmale des gesetzlich festgelegten Straftatbestandes kennt und sie gewollt verwirklicht. Das Fehlen von Rechtfertigungsgründen gehört nicht zum Vorsatz. Demgemäß handelt auch derjenige rechtswidrig und mit vollem strafrechtlichen Vorsatz, der irrig einen nicht bestehenden Rechtfertigungsgrund für gegeben hält oder der irrig die Grenzen der Staatsnothilfe oder des Widerstandsrechts zu weit zieht. Hier kann lediglich ein Verbotsirrtum vorliegen. Der in einem solchen Irrtum Handelnde bleibt straflos, wenn er auch bei ihm zumutbarer Gewissensanspannung, bei Einsatz aller seiner Erkenntniskräfte und sittlichen Wertvorstellungen nicht die richtige Vorstellung, das heißt die Vorstellung vom Unrecht, vom Unerlaubten seines Handelns, gewinnen konnte[23]. Dabei werden recht hohe Anforderungen gestellt, jedenfalls höhere als im Fall der Fahrlässigkeit[24]. Hätte die Aufbietung aller Erkenntniskräfte zur richtigen Vorstellung geführt, so war der Verbotsirrtum vermeidbar. Dann bleibt der Täter nicht straflos; es kann aber die Strafe nach den Grundsätzen über die Bestrafung des Versuchs gemildert werden. Dasselbe muß nach der Rechtslehre dann gelten, wenn der Handelnde irrig die äußeren Umstände des Art. 20 Abs. IV GG annimmt in der Form, daß dieser Rechtfertigungsgrund vorläge, wenn seine Tatsachenvorstellung richtig wäre. Der Bundesgerichtshof hat in diesen Fällen ein billigeres Ergebnis erzielt durch die Einführung einer weiteren Unterscheidung zwischen Tatirrtum — bei welchem der Täter an sich rechtstreu ist, aber infolge seines Irrtums nicht weiß, was er tut — und Verbotsirrtum — bei welchem der Täter weiß, was er tut, sein Tun aber irrig für erlaubt hält[25]. Für die zuletzt erwähnte Irrtumsart gilt die allgemeine Regel über die Bestrafung des im Verbotsirrtum handelnden Täters. Der Tatirrtum aber, der gerade bei sich auf Art. 20 Abs. IV GG Berufenden wegen der schwer zu beurteilenden tatsächlichen Voraussetzungen dieses Rechtfertigungsgrundes häufig in Betracht kommen könnte, schließt den Vorsatz aus und es kann dann — je nach den Umständen — nur eine Bestrafung wegen fahrlässigen Handelns in Betracht kommen.

Das alles zeigt, wie groß das Risiko ist, das der Handelnde allemal auf sich nimmt, das Risiko des eigenen Irrtums und auch das Risiko der Folgen, die er zu tragen hat, wenn sein Handeln erfolglos bleibt.

---

[23] BGHSt 2, 196; BGHSt 4, 1.
[24] BGHSt 4, 237 (243).
[25] BGHSt 3, 105; s. auch BGHSt 3, 272.

V. Die Wirksamkeit des Widerstands- und Staatsnothilferechts im unbeteiligten Staat

Wegen der Schwierigkeiten des Kampfes gegen eine beginnende Unrechtsherrschaft liegt es nahe, daß diejenigen, die diese Schwierigkeiten auf sich nehmen und Widerstand leisten wollen, ihre Kampfbasis vorübergehend ins Ausland verlegen und von dort aus operieren, oder daß sie nach erfolglosem Ausgang ihres Bemühens ins Ausland fliehen, um ihr Leben zu retten. Sind die Flüchtlinge dann im Ausland wirklich in Sicherheit, das heißt, droht ihnen dort wegen der Widerstandshandlungen keine Strafverfolgung? Reicht mit anderen Worten die rechtfertigende Kraft des Widerstandsrechts und des Staatsnothilferechts über die Staatsgrenzen hinweg? Kann man sich im unbeteiligten, fremden Staat auf das Widerstandsrecht berufen?

Diese Fragen sind nicht mit einem einfachen Ja oder Nein zu beantworten. Die Antwort ist vielmehr weitgehend von der jeweiligen Gestaltung des Strafrechts des ausländischen Staates abhängig. Da uns das Strafrecht der Bundesrepublik, die inländischen Rechtsverhältnisse vertraut sind, soll einmal eine Lösung dieses Problems auf der Grundlage der inländischen Rechtsverhältnisse versucht werden. Zu diesem Zweck sei davon ausgegangen, daß ein Ausländer, der im Ausland wegen berechtigten Widerstandleistens oder wegen einer Tat, die durch das Staatsnothilferecht gerechtfertigt war, nach erfolgtem Staatsumsturz verfolgt wird, in die Bundesrepublik flieht. Seiner Auslieferung an den ausländischen Staat wegen derjenigen Taten, die als durch das Widerstandsrecht gerechtfertigt anzusehen sind, steht in aller Regel wohl § 3 des Auslieferungsgesetzes entgegen. Nach dieser Vorschrift ist die Auslieferung nicht zulässig, wenn die die Auslieferung auslösende Tat eine politische war oder eine solche vorbereiten, decken, sichern oder abwehren sollte. Als politische Tat bezeichnet das Gesetz selbst einen strafbaren Angriff, der sich unmittelbar gegen den Bestand oder die Sicherheit des Staates, gegen das Oberhaupt oder gegen ein Mitglied der Regierung des Staates als solches, gegen eine verfassungsmäßige Körperschaft, gegen die staatsbürgerlichen Rechte bei Wahlen oder Abstimmungen oder gegen die guten Beziehungen zum Ausland richtet. Diese Voraussetzungen werden sehr häufig für den erwähnten Flüchtling erfüllt sein. Noch weitergehenden Schutz würde der Betreffende genießen, wenn er das Asylrecht in Anspruch nehmen kann. Art. 16 Abs. II GG verbietet die Auslieferung politisch Verfolgter auch wegen rein krimineller Straftaten[26]. Dabei muß aber berücksichtigt werden, daß sich aus dem Zusammenhang der Art. 1 bis 19 GG ergibt, daß der

---

[26] *v. Mangoldt-Klein*, a.a.O., Bd. I S. 499 f.; s. auch *Franz*, in: NJW 1968, 1556.

Asylschutz denen gewährt werden soll, die entgegen den Grundsätzen einer freiheitlichen demokratischen Ordnung aus politischen Gründen verfolgt werden. Wird der Asylsuchende im Ausland verfolgt, weil er selbst in strafbarer Weise gegen die freiheitlich-demokratische Ordnung verstoßen hat, so hat er nach dem Sinn des Asylrechts keinen Anspruch auf Asyl, wenngleich die Bundesrepublik im internationalen Verkehr in solchen Fällen berechtigt sein mag, dennoch Asyl zu gewähren[27].

Handelt es sich bei den Ausländern um Mitglieder eines Geheimbundes im Sinne von § 129 StGB, die in dem ausländischen Staat in Ausübung des Widerstandsrechts strafbare Handlungen — jedoch keine Sprengstoffanschläge — begehen wollen, so würden die Handlungen am Tatort durch das übergesetzliche, den Menschenrechten zugeordnete Widerstandsrecht gerechtfertigt sein. Eine am ausländischen Tatort nicht rechtswidrige Handlung ist aber keine Straftat im Sinne von § 129 StGB; der objektive Tatbestand dieser Vorschrift wäre also nicht erfüllt. Für den Fall der Staatsnothilfe gilt dasselbe.

Weiter wäre der Fall denkbar, daß bei der Vorbereitung und Ausführung von Widerstandshandlungen, die sich in einer zum Widerstand berechtigenden Situation gegen einen ausländischen Staat richten, oder von Staatsnothilfehandlungen zugunsten des ausländischen Staates, auf deutschem Boden gegen andere deutsche Strafgesetze verstoßen würde. Beispielsweise wäre denkbar, daß die Widerständler, deren „Standquartier" sich in Deutschland befände, bei den verschiedenen Grenzübertritten gegen deutsche Paß- und Zollvorschriften verstießen. Für diese Rechtsverstöße könnte das Widerstandsrecht nicht zur Rechtfertigung herangezogen werden. Für die Staatsnothilfe gilt dasselbe. Verstöße gegen Rechtsvorschriften unbeteiligter Staaten bleiben rechtswidrige Handlungen; das Recht zum Widerstand gegen Handlungen des Staates A erstreckt sich nicht ohne weiteres auch auf solche Handlungen, die primär gegen die Rechtsordnung des Staates B gerichtet sind. Das ergibt sich aus der engen Verwandschaft des Widerstandsrechts mit den sonstigen Notrechten, besonders mit der Notwehr. Das Notwehrrecht deckt, wie zuvor im Abschnitt V des zweiten Teils ausgeführt worden ist, nicht einen Eingriff in Rechtsgüter unbeteiligter Dritter. Zwar wird von dieser Regel eine Ausnahme gemacht: Werden im Zusammenhang mit der Verteidigung sicherheits-, verkehrs-, oder ordnungspolizeiliche Vorschriften übertreten, die zur Gefahrabwendung erlassen sind, so werden diese Zuwiderhandlungen durch die Notwehr mit gerechtfertigt[28]. Diese Ausnahme kann aber im Fall der Ausübung des Widerstandsrechts gegen die Organe eines ausländischen Staates

---

[27] s. *Schweissguth*, in: Jahrb. f. Ostrecht, Bd. II Teil 2, 1961, S. 156.
[28] *Jagusch* im Leipz. Komm. zum StGB, Anm. 3 d zu § 53.

V. Das Widerstands- und Staatsnothilferecht im unbeteiligten Staat

oder auch bei Staatsnothilfehandlungen zugunsten eines ausländischen Staates nicht gelten. Der Grund für die Ausnahme ist nämlich der, daß die ordnungspolizeilichen Vorschriften die Verteidigung nicht hindern sollen, wenn sie schon den rechtswidrigen Angriff zu verhindern nicht in der Lage waren. Gerade dieser Gesichtspunkt kann aber immer nur gegenüber den Vorschriften in Frage kommen, die derjenige Staat erlassen hat, gegen welchen Widerstand geleistet wird oder zu dessen Gunsten Nothilfehandlungen vorgenommen werden. Eine Verletzung der Rechtsvorschriften des unbeteiligten dritten Staates ist also nicht gerechtfertigt. Allerdings kann nach deutschem Strafrecht unter Umständen der Notstand des § 54 StGB vorliegen, so daß die Tat in diesem Fall zwar rechtswidrig bleibt, aber der Täter immerhin entschuldigt ist.

Etwas anderes müßte aber in den Fällen gelten, in denen ein Ausländer sich vor einem deutschen Gericht zu verantworten hätte wegen einer im Ausland begangenen Tat, die nach dem Weltrechtsgrundsatz des § 4 Abs. III StGB nach deutschem Recht zu beurteilen ist. Eine Berufung auf das Widerstandsrecht oder auch auf das Staatsnothilferecht kann dabei nur bei den Sprengstoffverbrechen nach Nr. 3 dieser Vorschrift in Frage kommen. Die in den übrigen Ziffern dieser Vorschrift aufgeführten Taten können schon begrifflich weder mit dem Widerstand gegen unrechtmäßige Ausübung der Staatsgewalt eines ausländischen Staates noch mit der Staatsnothilfe zugunsten eines ausländischen Staates in Verbindung gebracht werden. Hat ein Ausländer im Ausland eine Tat begangen, die nach den Vorschriften des deutschen Gesetzes gegen den verbrecherischen und gemeingefährlichen Gebrauch von Sprengstoffen vom 9. Juni 1884 strafbar ist, und lagen zur Tatzeit sämtliche Voraussetzungen des Widerstands- oder Staatsnothilferechts vor, so würde der Betreffende theoretisch sich in dem in Betracht kommenden Staat auf diese Rechte berufen können mit der Wirkung, daß sein Handeln dort gerechtfertigt wäre. § 4 Abs. III StGB stellt es nun auf die Strafbarkeit der Tat am Tatort nicht ab; es kommt vielmehr nur darauf an, ob die Tat nach deutschem Recht strafbar ist[29]. Daraus ist aber nicht zu schließen, daß in diesem Falle dem Ausländer vor dem deutschen Gericht die an sich berechtigte Berufung auf das Widerstandsrecht oder das Staatsnothilferecht abgeschnitten wäre, seine Tat also rechtswidrig bliebe, weil — genau wie bei dem zuvor erörterten Fall — sich die Widerstandshandlung nur gegen den ausländischen, nicht aber gegen den deutschen Staat gerichtet hat. Hierauf kann es in diesem besonderen Fall nicht ankommen. Es ist nämlich nicht der Sinn des dem § 4 Abs. III StGB zugrunde liegenden Weltrechtsgrundsatzes, Auslandstaten von Ausländern im Inland zu bestrafen, die am Tatort

---

[29] *Kohlrausch-Lange*, a.a.O., 43. Aufl. 1961, zu § 4 StGB.

nach dem geltenden Menschenrecht des Widerstandes gegen unrechtmäßige Ausübung der Staatsgewalt rechtmäßig sind. Die Unabhängigkeit von der Strafbarkeit am Tatort kann vielmehr in diesem Zusammenhang nur bedeuten, daß es wegen der Gefährlichkeit von unrechtmäßigen Terrorakten mittels Sprengstoffs nicht darauf ankommen kann, ob der von den Sprengstofftaten betroffene Staat bereits Strafvorschriften gegen derartige Taten erlassen hat oder nicht. Von ungerechtfertigten Taten dieser Art unterscheiden sich aber deutlich diejenigen, die nach dem Recht des Tatorts, das an sich Sprengstoffanschläge verbietet, ausnahmsweise durch das Widerstandsrecht oder das im betroffenen Staat geltende Staatsnothilferecht gerechtfertigt sind. Diese zuletzt genannten Taten wären also in Deutschland trotz des Wortlauts des § 4 Abs. III StGB für den Ausländer nicht strafbar, weil das Weltrechtsprinzip seinem Sinn nach deren Bestrafung nicht erfordert und insoweit die Rechtfertigung durch das Widerstandsrecht vorgeht. Das muß insbesondere auch deshalb gelten, weil es nicht die Aufgabe des deutschen Strafrechts ist, ausländische Staaten gegen Angriffe auf ihre Staatsgewalt zu schützen. Andernfalls könnte es u. U. zu Eingriffen in innenpolitische Auseinandersetzungen des ausländischen Staates und damit zur Einmischung in dessen innere Angelegenheiten kommen[30].

VI. Das Widerstandsrecht im besetzten Staat

Da die Staatsgewalt einer Besatzungsmacht rechtlich über der Staatsgewalt des besetzten Staates steht, kann die Besatzungsmacht die Wirkungen der Staatsgewalt des besetzten Staates suspendieren[31]. Deshalb wird im Falle einer Besetzung der Bundesrepublik durch einen fremden Staat das Grundgesetz der Besatzungsmacht gegenüber nicht in Kraft bleiben. Weil die Geltung des Widerstandsrechts aber nicht von der Aufnahme in Verfassungen oder Gesetzen abhängig ist, würde die vorliegende Untersuchung unvollständig bleiben, wenn darin nicht auch die Geltung des Widerstandsrechts nach einer Besetzung durch eine fremde Macht einbezogen würde.

In solch einem Falle dürfte das Staatsnothilferecht praktisch ohne Bedeutung bleiben. Einmal ist schwer vorstellbar, daß die Besatzungsmacht nicht immer stark genug wäre, um Angriffe auf die ihr jetzt zugefallene Staatsgewalt im besetzten Gebiet abwehren zu können. Zum anderen ist ebenso schwer vorstellbar, daß die Bürger des besetzten Staates der Besatzungsmacht zu Hilfe eilen, um deren Regime aufrechtzuerhalten und es gegen Umsturzversuche zu verteidigen. Nothilfe zu-

---

[30] BGH, in: NJW 1969, 517 (518).
[31] v. d. *Heydte*, Völkerrecht, Bd. II, 1960, S. 318.

VI. Das Widerstandsrecht im besetzten Staat

gunsten des eigenen Staates kommt nicht in Betracht, weil dessen Staatsgewalt suspendiert ist. Die Ausübung des eigentlichen Widerstandsrechts aber — vorerst einmal unterstellt, daß es auch in dieser Situation gültig ist — wird immer der Gefahr unterliegen, daß die Widerstandshandlungen gegen die Besatzungsmacht unternommen werden, um dieser Abbruch zu tun, um auf diese Weise weiter dem Kriegszweck des eigenen Staates (dessen Gebiet jetzt besetzt ist) zu dienen. Solche Handlungen stellen bloße Fortsetzungen der Kriegshandlungen dar. Mit dem Widerstandsrecht gegen unrechtmäßige Ausübung der Staatsgewalt hätten sie nur dann etwas zu tun, wenn sie sich gegen unrechtmäßige Handlungen, gegen Menschenrechtsverletzungen durch die jetzt die Staatsgewalt ausübenden Besatzungsorgane zur Wehr setzen würden mit dem Ziele der Bewahrung und Erhaltung der im noch nicht außer Kraft getretenen bisherigen Recht enthaltenen und der etwa durch die Besatzungsmacht zu gewährenden Menschenrechte.

Für die Beantwortung der Frage der Gültigkeit des Widerstandsrechts in einem besetzten Lande ist es zunächst einmal nötig, festzustellen, welche Rechte eine Besatzungsmacht hat und wieweit sie überhaupt die Staatsgewalt des fremden, besetzten Staates übernehmen darf. Nach heutigem Völkerrecht hat die Besatzungsmacht keine unumschränkten Rechte, und die Bevölkerung der besetzten Gebiete ist nicht gänzlich rechtlos. Der Besatzungsmacht steht nur eine vorläufige Gebietshoheit zu, und außerdem ist diese durch die Regeln des Völkerrechts beschränkt, und zwar besonders durch die Vorschriften der Haager Landkriegsordnung vom 18. Oktober 1907 und die sie ergänzenden Vorschriften des IV. Genfer Abkommens zum Schutze der Zivilbevölkerung von 1949, dem die Bundesrepublik durch Gesetz vom 21. August 1954 beigetreten ist. Die grundlegende Rechtsvorschrift ist Art. 43 der Haager Landkriegsordnung. Danach muß die Besatzungsmacht, nachdem die gesetzmäßige Gewalt tatsächlich in ihre Hände übergegangen ist, alle Vorkehrungen treffen, um nach Möglichkeit die öffentliche Ordnung und das öffentliche Leben wieder herzustellen und aufrechtzuerhalten. Soweit kein zwingendes Hindernis besteht, sind dabei die Landesgesetze zu beachten. Ein zwingendes entgegenstehendes Hindernis können wohl die militärischen Notwendigkeiten des besetzenden Staates sein[32]. Während die Bevölkerung des besetzten Gebietes der Besatzungsmacht nur Gehorsam, nicht Treue schuldet[33], muß die Besatzungsmacht auf Grund der völkerrechtlichen Beschränkungen ihrer Gebietshoheit der Zivilbevölkerung gewisse Rechte gewähren. Gleich-

---

[32] Vgl. *Laun*, Haager Landkriegsordnung, 3. Aufl. 1947, S. 37, der dies
[33] *v. d. Heydte*, a.a.O., S. 319; *Berber*, Lehrbuch des Völkerrechts, Bd. II, 1962, S. 136.
Abs. VI der Präambel zum Grundvertrag der Landkriegsordnung entnimmt.

gültig ist, ob die Besetzung des fremden Staatsgebietes als Folge kriegerischer Auseinandersetzungen oder ohne bewaffneten Widerstand erfolgt (Art. 2 Abs. II des IV. Genfer Abkommens). Diese nach dem IV. Genfer Abkommen in Verbindung mit der Haager Landkriegsordnung zu gewährenden Rechte sind der Sache nach Menschenrechte, obwohl sie in dem Abkommen nicht als solche bezeichnet sind. Dabei kommt es nicht darauf an, wie das Recht des besetzten Landes beschaffen ist, d. h. welche Rechte, insbesondere welche Grundrechte es den Staatsbürgern gewährt; es kommt weiter nicht darauf an, wie weit die Besatzungsmacht selbst ihren eigenen Bürgern etwa diese Rechte vorenthält. Es leuchtet ein — und das Verhalten der nationalsozialistischen Besatzungsbehörden während des 2. Weltkrieges hat dies vielfach gezeigt — daß es gerade diktatorisch regierten Staaten, die als Besatzungsmacht auftreten, schwer eingehen wird, sich im von ihnen besetzten Gebiet als Rechtsstaat zu betragen[34]. Das wiederum weist auf die Möglichkeit des Eintretens einer Situation hin, in der Widerstand das einzig mögliche Mittel zum Schutz der Rechte der Zivilbevölkerung darstellen könnte.

Den besonderen Schutz der IV. Genfer Konvention genießt nach deren Art. 4 die gesamte Bevölkerung des besetzten Gebietes, gleichgültig, wann und auf welche Weise der einzelne in den Machtbereich der Besatzungsmacht geraten ist. Ausgenommen sind selbstverständlich die Staatsangehörigen des besetzenden Staates selbst, weil sie eines besonderen Schutzes nicht bedürfen.

Die Grundvorschrift für die Rechte der Bevölkerung der besetzten Gebiete ist der Art. 27 der IV. Genfer Konvention, der den Art. 46 der Haager Landkriegsordnung ergänzt[35]. Danach haben die geschützten Personen unter allen Umständen Anspruch auf die Achtung ihrer Person, ihrer Ehre und ihrer Familienrechte, ihrer religiösen Überzeugungen und Gepflogenheiten — also das Recht der Religionsfreiheit und Religionsausübung nach Art. 9 der Menschenrechtskonvention — und ihrer Gewohnheiten und Gebräuche. Sie werden zu jeder Zeit mit Menschlichkeit behandelt und insbesondere vor Gewalttätigkeit oder Einschüchterung, Beleidigungen und der öffentlichen Neugier geschützt. Frauen werden besonders vor jedem Angriff auf ihre Ehre und namentlich vor Vergewaltigung, Nötigung zur gewerbsmäßigen Unzucht und jeder unzüchtigen Handlung geschützt. Der Anspruch auf Achtung der Person enthält insbesondere das Recht auf körperliche Unversehrtheit, welche durch einige weitere Einzelbestimmungen, besonders durch Art. 32, gesichert wird. Nach dieser zuletzt genannten Vorschrift ist jede Maßnahme, die körperliche Leiden oder den Tod einer geschützten

---

[34] s. dazu *Berber*, a.a.O., S. 129.
[35] *Berber*, a.a.O., S. 137.

VI. Das Widerstandsrecht im besetzten Staat

Person zur Folge haben könnte, ausdrücklich untersagt. Dieses Verbot gilt für Tötungen, Folterungen, körperliche Strafen, Verstümmelungen und medizinische oder wissenschaftliche, nicht durch ärztliche Behandlung gerechtfertigte biologische Versuche sowie auch für alle anderen Grausamkeiten. Damit wird die Menschenwürde geschützt, wenn auch vielleicht nicht so weitgehend wie es in Art. 1 GG geschieht, so doch immerhin in ihren wichtigsten Kernbereichen. Außerdem garantiert Art. 27 Abs. III der IV. Genfer Konvention für die Bevölkerung des besetzten Gebietes, daß sie von allen am Konflikt beteiligten Parteien mit gleicher Rücksicht und ohne jede insbesondere auf Rasse, Religion oder politischer Meinung beruhender Benachteiligung behandelt wird. Damit wird der Gleichheitsgrundsatz gesichert. Art. 65 verbietet, Strafvorschriften mit rückwirkender Kraft zu erlassen, dem Sinne nach übereinstimmend mit Art. 7 der Menschenrechtskonvention und Art. 103 Abs. II GG. Außerdem wird der Anspruch jedes Angeklagten, sofern er zu den geschützten Personen gehört, auf Gewährung des rechtlichen Gehörs durch verschiedene Einzelvorschriften, u. a. Art. 71 und 72, gesichert. Nach Art. 31 darf keinerlei körperlicher oder seelischer Zwang ausgeübt werden; Einschüchterung und Terrorisierung sind nach Art. 33 verboten. Zwangsarbeit ist nach Art. 40 Abs. I für die geschützten Personen nur in dem Ausmaß erlaubt, wie sie der Staat, in dessen Machtbereich sie sich befinden, von seinen eigenen Staatsangehörigen verlangen kann. Angehörige des Staates, der sich mit der Besatzungsmacht im Kriege befindet, dürfen nur zu Arbeiten gezwungen werden, die normalerweise zur Sicherstellung der Ernährung, der Unterbringung, der Bekleidung, der Beförderung und der Gesundheit von Menschen, also auch von verwundeten Soldaten, nötig sind und die nicht in unmittelbarem Zusammenhang mit der Durchführung der Kampfhandlungen stehen. Im besetzten Gebiet dürfen die geschützten Personen nur dann zur Arbeit gezwungen werden, wenn sie über 18 Jahre alt sind und es sich lediglich um Arbeiten handelt, die zur Befriedigung der Bedürfnisse der Besatzungsarmee oder für die öffentlichen Dienste, die Ernährung, Unterbringung, Bekleidung, das Verkehrs- oder Gesundheitswesen der Bevölkerung des besetzten Landes nötig sind. Zu einer Arbeit, die sie zur Teilnahme an Kampfhandlungen verpflichten würde, können die geschützten Personen nicht gezwungen werden. Dabei kann nach Art. 52 niemals das Recht der Arbeiter beeinträchtigt werden, sich an die Vertreter der Schutzmacht zu wenden; außerdem darf die Besatzungsmacht nicht künstlich Arbeitslosigkeit schaffen, um so freiwillige Arbeiter für ihre eigenen Zwecke gewinnen zu können. Wenn auf diese Weise auch nicht die Zwangsarbeit wie in Art. 4 der Menschenrechtskonvention verboten ist — ein solches Verbot wäre wegen der Erfordernisse des Krieges, mit denen nun einmal zu rechnen ist, nicht durchzusetzen und würde, wenn es im IV. Genfer Abkommen niedergelegt worden wäre, nur dieses Abkommen entwerten wegen der mit Sicherheit vorhersehbaren Nichteinhaltung — so ist doch die kriegsbedingte Zwangsarbeit in bedeutsamer Weise eingeschränkt. Schließlich enthält noch Art. 53, der Art. 46 Abs. II und Art. 47 der Landkriegsordnung ergänzt, eine der Eigentumsgarantie ähnliche Bestimmung: Der Besatzungsmacht ist es untersagt, bewegliches oder unbewegliches Vermögen zu zerstören, das individuell oder kollektiv Privatpersonen oder dem Staat oder öffentlichen Körperschaften, sozialen oder genossenschaftlichen Organisationen gehört.

Bei den vorstehend aufgeführten Rechten der geschützten Personen handelt es sich um die wichtigsten Rechte, die die Besatzungsmacht einräumen muß, und zwar nach Art. 6 des IV. Genfer Abkommens vom Beginn der Feindseligkeiten bzw. dem Beginn der Besetzung an bis ein Jahr nach der allgemeinen Einstellung der Kampfhandlungen. Übt die Besatzungsmacht aber die Funktionen einer Regierung des besetzten Gebietes aus, dann sind diese Rechte während der gesamten Dauer der Besetzung zu gewähren. Außerdem müssen diese Rechte von der Besatzungsmacht unter allen Umständen eingeräumt werden. Nach Art. 47 des IV. Abkommens dürfen den geschützten Personen in keinem Falle und auf keine Weise die Vorteile dieses Abkommens entzogen werden. Das bedeutet, daß weder die durch die Übernahme der Verwaltung und Regierung durch die Besatzungsmacht bedingten Änderungen, noch die Einverleibung des besetzten Gebietes durch die Besatzungsmacht die Gewährung der sich aus dem IV. Genfer Abkommen ergebenden Rechte der Bevölkerung beeinträchtigen dürfen. Diese Rechte sind unverzichtbar und können auch z. B. nicht durch einen Vertrag zwischen der Besatzungsmacht und den noch bestehenden Behörden des besetzten Gebietes eingeschränkt oder gar aufgehoben werden.

Trotz dieser starken Garantie ist das Minimum an Rechten, welches nach dem IV. Genfer Abkommen der Zivilbevölkerung zu gewähren ist, sicherlich nicht mit dem umfassenden Schutz zu vergleichen, den die Menschenrechtskonvention dem einzelnen gewährt. Immerhin sind diese Rechte mit den Menschenrechten teilweise identisch, teilweise sind sie ihnen ähnlich. Dieses Minimum ist auch im Kriegsfalle nicht utopisch; es kann trotz der harten Kriegswirklichkeit auf jeden Fall gewährt werden. Deshalb ist es berechtigt, die zuvor erwähnten wichtigsten Rechte der Bevölkerung des besetzten Gebietes wegen der jedenfalls im IV. Genfer Abkommen festgelegten Unmöglichkeit, diese Rechte zu entziehen, den Menschenrechten zuzurechnen. Wenn aber auch in den harten Kriegs- und Besatzungszeiten, die zwar kein rechtloser Zustand sind, in denen aber weite Teile der alten Rechtsordnung außer Kraft gesetzt worden sein können, von der Besatzungsmacht ein Minimum an Menschenrechten gewährt werden muß, dann gehört zu diesen Menschenrechten nach den Untersuchungen im Abschnitt VII des ersten Teils dieser Abhandlung naturnotwendig als ihnen immer zugeordnetes Recht auch das Recht zum Widerstand.

Die Ausübung dieses Widerstandsrechts setzt aber im besetzten Land nicht nur die Nichtgewährung des Menschenrechtsminimums des IV. Genfer Abkommens, bzw. — wenn das Recht des besetzten Landes noch umfangreichere Grundrechte gewähren würde, wie dies z. B. im Bonner Grundgesetz der Fall ist, und die Besatzungsmacht dieses Recht aufrechterhalten würde — die Verletzung der Grundrechte des besetzten Landes durch die Besatzungsmacht voraus, sondern es ist außerdem noch erforderlich, daß anderweitige Abhilfe nicht möglich und der Widerstand das allein verbleibende letzte Mittel zur Beseitigung der Rechtsverletzungen ist. Nun schreibt das IV. Genfer Abkommen nicht die Einrichtung von Gerichten vor, deren Aufgabe es wäre, die Handlungen und Hoheitsakte der Besatzungsmacht zu überprüfen. Solche Gerichte wird es nie geben. Wenn auch die Gerichtsorganisation des besetzten Landes bestehen bleiben und ihre bisherige Funktionen ausüben kann — wovon Art. 54 des IV. Genfer Abkommens ausgeht — so mag es zwar einen Rechtsschutz der Bevölkerung gegen Übergriffe und rechtswidriges Handeln der bestehen gebliebenen eigenen Behörden geben, niemals aber einen solchen Rechtsschutz gegen Übergriffe der Besatzungsmacht selbst und erst recht keinen gerichtlichen Rechtsschutz gegen die Nichtgewährung der Rechte aus dem IV. Genfer Abkommen. Davon gibt es nur eine Ausnahme: Wenn aus zwingenden Sicherheitsgründen Sicherheitsmaßnahmen gegenüber geschützten Personen ergriffen werden müssen, so darf die Besatzungsmacht bis ein Jahr nach allgemeiner Einstellung der Kampfhandlungen höchstens die Betreffenden internieren oder einem Zwangsaufenthalt unterwerfen. In diesem Fall muß nach Art. 78 Abs. II die Entscheidung in bezug auf solche Zwangsaufenthalte oder Internierungen in einem ordentlichen Verfahren getroffen werden, das durch die Besatzungsmacht entsprechend den Bestimmungen des IV. Genfer Abkommens festzulegen ist und welches für die Betroffenen Rechtsmittel vorsehen muß.

Wenn im übrigen kein Rechtsschutz der Bevölkerung des besetzten Landes gegenüber der Besatzungsmacht besteht, dann bedeutet das aber noch nicht, daß diese etwaigen Übergriffen der Besatzungsmacht schutzlos preisgegeben wäre und deshalb ihr nur das Widerstandsrecht als letztes Mittel verbleiben würde. Den Schutz der Bevölkerung übernimmt — soweit überhaupt möglich — die Schutzmacht.

Schutzmächte sind neutrale Staaten, die mit der Wahrnehmung der Interessen eines oder mehrerer der am Konflikt beteiligten Staaten betraut sind. Die Bestellung der Schutzmacht erfolgt im Wege der Vereinbarung zwischen einem Konfliktsstaat und dem neutralen Staat seines Vertrauens, welcher der gegnerische Staat zustimmt[36]. Die Schutzmächte können besondere Delegierte ernennen, die sich unmittelbar persönlich über die Behandlung der geschützten Personen informieren sollen. Sie müssen von dem Staat, in dessen Machtbereich sie tätig werden sollen, genehmigt werden und dürfen die Grenze ihrer Aufgabe nicht überschreiten. Dafür haben die am Konflikt beteiligten Staaten ihnen die Durchführung ihrer Aufgabe im größtmöglichen Maße zu erleichtern. Die Schutzmacht wirkt nach Art. 9 überall mit, wo das im Interesse der geschützten Personen nötig ist und beaufsichtigt die Anwendung der Genfer Abkommen. Ausdrücklich legt z. B. Art. 55 Abs. II des IV. Abkommens fest, daß die Schutzmächte jederzeit ohne Behinderung den Stand der Versorgung mit Lebens- und Arzneimitteln in den besetzten Gebieten untersuchen können; allerdings sind vorübergehende, auf zwingenden militärischen Erfordernissen beruhende Beschränkungen dieser Tätigkeit zulässig. Durch den diplomatischen Druck, den die Schutzmacht auszuüben in der Lage ist, ferner durch den damit zusammenhängenden Druck der Weltöffentlichkeit ist gerade die Institution der Schutzmacht eine sehr wirksame Einrichtung zur Verhinderung von Übergriffen der Besatzungsmacht gegenüber der Zivilbevölkerung des besetzten Landes. Damit der Schutzmacht aber auch etwaige Rechtsverletzungen der Besatzungsmacht, die etwaige Nichteinhaltung der Vorschriften des IV. Genfer Abkommens, bekannt werden und sie ihrerseits Maßnahmen ergreifen kann, die auf die Abstellung solcher Mängel hinwirken, bestimmt Art. 30, daß die geschützten Personen jede Erleichterung genießen, um sich an die Schutzmächte, an das Internationale Rote Kreuz und andere Organisationen zu wenden, die ihnen behilflich sein könnten. Das wird — wie schon erwähnt — für die freiwilligen und unfreiwilligen Arbeiter nochmals in Art. 52 Abs. I genauer festgelegt; danach darf durch nichts deren Recht beeinträchtigt werden, sich an die Vertreter der Schutzmacht zu wenden, um deren Einschreiten zu verlangen. Besonders weitgehend sind die Kontrollrechte der Schutzmächte in den gegen geschützte Personen gerichteten Strafverfahren (Art. 71—76), so daß darin vorkommende Verstöße gegen die im IV. Abkommen festgelegten Rechte mit höchster Wahrscheinlichkeit der Schutzmacht bekannt werden.

Solange nun die Möglichkeit des erfolgreichen Eingreifens der Schutzmacht besteht, ist noch eine anderweitige Abhilfe etwaiger Rechtsverletzungen möglich. Damit ist auch das allerletzte Mittel, das Widerstandsrecht, ausgeschlossen. Erst wenn Abhilfe durch Eingreifen der Schutzmacht nicht mehr möglich ist, wenn feststeht, daß entweder alle

---
[36] s. *Berber*, a.a.O., S. 96 f.

Versuche der Schutzmacht mit Sicherheit nutzlos sind oder die Schutzmacht und das Internationale Komitee vom Roten Kreuz oder sonstige Hilfsorganisationen nicht eingreifen, dann kann die Ausübung des Widerstandsrechts gegenüber der Besatzungsmacht in Betracht kommen.

Wenn diese Situation eintritt, ist allerdings ein praktischer Erfolg, eine Besserung der Verhältnisse für den Augenblick, schwerlich zu erwarten. Die Macht des besetzenden Staates ist noch größer und unbeschränkter als die Macht innerstaatlicher Gewalt- und Willkürherrschaft. So ist es jedenfalls im Normalfall. Hier gilt erst recht, was im Abschnitt I dieses dritten Teils der vorliegenden Untersuchung hinsichtlich der Ausübung des Widerstandsrechts gegenüber der im eigenen Staat bestehenden Gewalt- und Willkürherrschaft gesagt worden ist: Wenn die Besatzungsmacht schon die minimalen Menschenrechte nicht achtet, die durch das IV. Genfer Abkommen der Zivilbevölkerung des besetzten Gebietes zugesichert werden, so daß deshalb Widerstand berechtigt ist, dann wird sie erst recht nicht das Widerstandsrecht als Rechtfertigungsgrund für die Widerstand leistenden Personen gelten lassen. Es kommt hinzu, daß sich in einem solchen Falle echte Widerstandshandlungen nicht oder nur sehr schwer von Handlungen trennen lassen, die allein die Besatzungsmacht schädigen und als Fortsetzung der Kriegshandlungen dienen sollen. Sehr oft wird beides notwendigerweise zusammenfallen. Die Fortsetzung von Kriegshandlungen darf die Besatzungsmacht selbstverständlich verhindern. Um so näher liegt es, daß die Besatzungsmacht alle gegen sie gerichteten Handlungen als Kriegshandlungen deklariert und dementsprechend reagiert. Das bedeutet, daß im besetzten Staat die Ausübung des Widerstandsrechts mit noch größeren Risiken belastet ist, als dies sonst ohnehin schon der Fall ist, was aber andererseits an der Tatsache des Bestehens des Widerstandsrechts auch im besetzten Staat nichts ändert.

VII. Der Umfang der Rechtfertigung nach Art. 20 Abs. IV GG

Fraglich ist, ob das Widerstands- und Staatsnothilferecht als Rechtfertigungsgrund für Handlungen aller Art, also auch strafbare Handlungen schwerster Art, herangezogen werden kann. Es sei in diesem Zusammenhang nochmals daran erinnert, daß z. B. das Widerstandsrecht im Mittelalter nicht dazu berechtigte, die Person des Herrschers anzutasten, sofern nicht das Gegenteil ausdrücklich bestimmt worden war. Wenn man sich demgegenüber vor Augen hält, daß unter Umständen die Abwehr eines Umsturzversuches nur dann erfolgversprechend sein kann, wenn die Führer des Umsturzunternehmens ausgeschaltet werden können, dann erscheint es fraglich, ob nicht doch das moderne Widerstandsrecht und die Staatsnothilfe zur Rechtfertigung auch von Tötungshandlungen herangezogen werden können. Weiter ist bekannt, daß im Verlaufe des Kampfes gegen die nationalsozialistische Herrschaft von deutschen Stellen militärische Geheimnisse an ausländische Staaten weitergegeben worden sind, mit denen sich damals das Deutsche Reich im Kriege befand[37]. Kann auch solcher Landesverrat gerechtfertigt sein? Darf auch ein Mensch getötet werden, wenn die Beseitigung einer Gewalt- und Willkürherrschaft anders nicht möglich ist?

Die Strafvorschriften gegen Landesverrat schützen den jeweiligen Staat in seiner konkreten Ausgestaltung nach außen hin. Es mag zweifelhaft sein, ob in bestimmten Ausnahmesituationen die Kontaktaufnahme mit dem Kriegsgegner und die Preisgabe militärischer Geheimnisse überhaupt noch den Tatbestand des Landesverrats verwirklicht, ob es nicht vielmehr bei objektiver Betrachtung in einem höheren Sinne zum Wohle des Volkes und des Staates dient, wenn einsichtsvolle Männer derartige Handlungen vornehmen. Mit dieser Begründung ist gelegentlich die Auffassung vertreten worden, von den erwähnten Widerstandskämpfern gegen den Nationalsozialismus sei nicht einmal der Tatbestand des Landesverrats erfüllt worden[38]. Es mag dahinstehen, ob diese Auffassung richtig ist. Jeder Staat kann die speziell ihn schützenden Strafvorschriften so formulieren, daß in einem derartigen Falle irgendeine, dem Landesverrat ähnliche Strafvorschrift verletzt wird. Eine generelle Straflosigkeit derjenigen, die das Unrechtsregime zu verhindern oder wieder zu beseitigen trachten, läßt sich auf diese Weise nicht begründen. Vielmehr kann eine solche Art von Landesverrat nur unter den zuvor erwähnten Voraussetzungen des Art. 20 Abs. IV GG gerechtfertigt sein. Sind diese Voraussetzungen gegeben, ist Landesverrat nötig zum Widerstand, oder läßt sich die Einführung einer Gewalt- und Willkürherrschaft nur mit Hilfe von Landesverrat verhindern, so ist auch diese Handlung gerechtfertigt.

Das Problem der Rechtfertigung von Tötungen ist nicht so einfach zu lösen. Grundsätzlich ist die Tötung eines Menschen nach der Menschenrechtskonvention, die in der Bundesrepublik geltendes Recht ist, nur zulässig zur Abwehr von Gewalt gegen Menschen. Zwar gilt die Menschenrechtskonvention nur als einfaches Gesetz. Deshalb können durch sie weitergehende Befugnisse, die die Verfassung als dem einfachen Gesetz vorgehende Rechtsvorschrift gewährt, nicht eingeschränkt werden. Aber weder das Widerstandsrecht noch die Staatsnothilfe erlauben ihrem Wesen nach eine Tötung von Menschen, die über den

---

[37] Vgl. *Rothfels*, Die deutsche Opposition gegen Hitler, 1960, S. 17, 90 und Anm. 84 auf S. 195/196.
[38] So *Schier*, in: Geschichte 1959, 611 f.

VII. Der Umfang der Rechtfertigung nach Art. 20 Abs. IV GG

nach der Menschenrechtskonvention zugelassenen Rahmen hinausgehen. Für das Widerstandsrecht folgt das schon aus der geschichtlichen Entwicklung dieses Rechts, auf welche schon hingewiesen worden ist. Wenn allerdings Gewalt gegen Menschen verübt wird, so bedeutet das, daß deren Freiheit und Leben unmittelbar bedroht ist. Mit anderen Worten liegt dann ein rechtswidriger, gegenwärtiger Angriff vor, der die Tötung des die Gewalt unmittelbar oder mittelbar durch die Erteilung von Befehlen verübenden Menschen durch das Notwehrrecht des § 53 StGB gerechtfertigt erscheinen läßt. Das gilt für die Ausnahmesituation des Unrechtsstaates, wenn der „Tyrann" ganze Volksteile in Lager verbringen läßt, um sie dort auszurotten. Liegt eine solche Ausnahmesituation nicht vor, ist mit anderen Worten die Unrechtsherrschaft noch nicht so entartet, daß Gewalt gegen Menschen verübt wird, dann ist auch die Tötung von Menschen nicht erlaubt.

Beim Staatsnothilferecht ist es im Ergebnis nicht anders. Da dieses Recht den einzelnen nur zum Eingreifen mit dem am wenigsten schädlichen oder gefährlichen Mittel ermächtigt, so ist schwer vorstellbar, daß Tötungen durch dieses Recht gedeckt werden könnten. Denn die auf Grund dieses Rechts Handelnden greifen zu Gunsten des Staates ein. Das bedeutet, daß über kurz oder lang an die Stelle ihres Handelns wieder das Handeln der staatlichen Organe mit deren Machtmitteln treten wird. Daher wird immer das bloße „Dingfestmachen" der Umstürzler ausreichen, um den Umsturzversuch abzuwehren. Anders sieht es nur dann aus, wenn die Umstürzler ihrerseits Gewalt gegen die „Staatsnothelfer" anwenden. Dann tritt für die zuletzt Genannten wieder die echte Notwehrsituation des § 53 StGB ein; die Umstürzler nehmen dann einen gewaltsamen, rechtswidrigen Angriff vor, dessen sich die „Staatsnothelfer" erforderlichenfalls auch durch die Tötung der Angreifer erwehren können. Insofern kommt also eine Rechtfertigung schon nach den allgemeinen Notwehrregeln in Betracht.

Man könnte außerdem noch an eine Rechtfertigung des „Tyrannenmordes" aus dem Gesichtspunkt des rechtfertigenden (übergesetzlichen) Notstandes heraus denken. Dieser Rechtfertigungsgrund setzt eine gegenwärtige, anders nicht abwendbare Gefahr für Leben oder Freiheit voraus und gestattet die Verletzung des minderen Rechtsgutes zu Gunsten der Rettung des höherwertigen Gutes aus dieser Gefahr. Zu bedenken ist dabei aber, daß das menschliche Leben grundsätzlich das höchste Gut ist, welches jede Rechtsordnung zu schützen hat. Man kann nicht das Leben des einen an dem des anderen Menschen messen und dann das eine oder das andere für höherwertig erklären[39]. Das gilt für

---
[39] BGH, in: NJW 1953, 513; s. auch *Gallas*, in: Mezger-Festschrift, S. 327; anders für die Tötung Hitlers, allerdings mit recht summarischen Erwägungen, *Schier*, in: Geschichte 1959, 614 f.

alle denkbaren Fälle. Auch das Leben eines „Tyrannen" ist dem Leben der anderen Menschen gleichwertig. Selbst wenn also das Leben vieler Menschen gefährdet ist, wenn der „Tyrann" weiterlebt, oder anders ausgedrückt: wenn erst sein Tod der Abwehr des gewaltsamen Umsturzversuchs zum sicheren Erfolg verhelfen kann, so kann auch in einem solchen Fall die Rechtsordnung den „Tyrannenmord" nicht für gerechtfertigt erklären. Man kann ihn nicht mit dem sogenannten Bergsteigerfall vergleichen, in welchem nur die Wahl bleibt zwischen der Rettung des Lebens des einen auf Kosten der Rettung des Lebens des andern Menschen und dem Unterlassen jeder Rettungshandlung mit der sicheren Folge des Todes beider Menschen. Hier wird derjenige, der sich zum Handeln gemäß der zuerst genannten Alternative entschließt, als gerechtfertigt angesehen[40]. Beim „Tyrannenmord" geht es nicht darum, zu handeln und so wenigstens einen der zwei Menschen zu retten, die sonst, beim Unterlassen der Rettungshandlung, beide dem sicheren Tode preisgegeben sein würden, sondern es geht darum, einen Menschen zu töten, weil er seinerseits Unrecht getan hat. Wenn das gerechtfertigt sein soll, so rückt gleichzeitig die Anerkennung eines allgemeinen Rechtes zur Unrechts- und Verbrechensbekämpfung in greifbare Nähe.

Im übrigen kann nur derjenige gerechtfertigt sein, der einem eindeutigen Sittengesetz folgend handelt[41]. Ein solches eindeutiges Sittengesetz, welches die Tötung eines „Tyrannen" befiehlt, gibt es nicht[42]. Es ist zwar seit dem Mittelalter in besonderen Situationen die Tötung eines „Tyrannen" für erlaubt, teilweise sogar für geboten erachtet worden[43]. Heute wird aber kaum noch die Meinung vertreten, eine solche Tötung sei eindeutig erlaubt. Der Theologe *Karl Barth* z. B. hielt es für möglich, daß ein Mensch im extremen Fall, wenn nämlich alle weniger einschneidenden Mittel zur Besserung der Verhältnisse versagen, einen klaren, kategorischen Befehl Gottes empfinde, einen Gewalthaber zu töten, der wegen seiner Gewalt- und Unrechtsherrschaft das ganze Staatswesen und alle Staatsbürger in ein nicht mehr gut zu machendes Verderben stürze. In einer solchen Situation könne die Tötung des „Tyrannen" ein Akt des Gehorsams gegen Gottes Gebot sein und dadurch zur Rechtfertigung vor Gott führen[44]. Diesen klaren Befehl muß aber nicht jeder empfinden; es ist überhaupt unsicher, ob und wann er empfunden wird, und wenn er nicht empfunden wird, ist auch

---

[40] *Schönke-Schröder*, Strafgesetzbuch, 14. Aufl. 1969, Vorbem. III, 10 vor § 51 StGB (Rz 58).
[41] OGHSt 2, 117.
[42] s. dazu *Trillhaas*, Ethik, 1959, S. 392.
[43] Näheres bei *Spörl*, Gedanken um Widerstandsrecht und Tyrannenmord im Mittelalter, in: Pfister und Hildmann, a.a.O., S. 21 ff.
[44] *Barth*, Kirchliche Dogmatik, Bd. III Teil 4, 1951, 513 ff.

nach dieser Auffassung der „Tyrannenmord" nicht erlaubt. Eine ähnliche Ansicht vertritt der Theologe *Helmut Thielicke*. Er hält ein Attentat auf den „Tyrannen" für eine Notstandsmaßnahme, für die der Handelnde Gottes Vergebung erhoffen darf, wenngleich er die Schuld im ethischen Sinne durch einen wagenden Gewissensentschluß verantwortlich übernehmen muß[45]. Von einem eindeutigen Sittengesetz, welches den „Tyrannenmord" erlaubt, kann mithin nach der Auffassung dieser beiden evangelischen Theologen nicht die Rede sein. Die neuere katholische Lehre unterscheidet zwei Arten von „Tyrannen", nämlich denjenigen, der sich im Gegensatz zur bestehenden Staatsgewalt mit Waffengewalt in den Besitz der Macht im Staate zu setzen trachtet, und den formell ordnungsgemäß in den Besitz der Macht gelangten Herrscher, der aber seine Macht verbrecherisch handhabt. Gegen den ersteren darf der Staat und das Volk sich mit den gleichen Mitteln wehren, mit denen es angegriffen wird. Die Tötung der zweiten Art von „Tyrannen" ist nach der katholischen Lehre nicht erlaubt, es sei denn, es lägen im konkreten Fall die Voraussetzungen der Notwehr vor[46]. Ist die Tötung aber aus dem Gesichtspunkt der Notwehr gerechtfertigt, so bleibt der rechtfertigende Notstand außer Betracht. Das Ergebnis ist also, daß ein eindeutiges, von allen bejahtes Sittengesetz, welches den „Tyrannenmord" erlaubt, nicht existiert; deshalb kann der Gesichtspunkt des rechtfertigenden Notstandes auch nicht zur Rechtfertigung der Tötung eines „Tyrannen" herangezogen werden. Eine solche Handlung stellt also immer eine rechtswidrige Tötung dar.

In solch einem Falle kann allerdings die strafrechtliche Schuld des Täters u. U. auf andere Weise, wie z. B. durch einen persönlichen Strafausschließungsgrund[47], vielleicht durch einen beim Täter vorliegenden Verbotsirrtum oder einen Schuldausschließungsgrund[48] ausgeschlossen sein. Das würde aber an der Rechtswidrigkeit der Tötung nichts ändern.

VIII. Zur Pflicht, Widerstand zu leisten

Es gibt zwar nach allgemeiner Meinung eine Grundpflicht des Staatsbürgers zur Verfassungstreue[49]. Eine Pflicht zum Widerstand gegen die Staatsgewalt im Sinne einer echten Rechtspflicht hat es in der Ge-

---

[45] *Thielicke*, Theologische Ethik, Bd. II Teil 2, 1958, S. 416—419.
[46] *Angermair*, Die Tötung eines Tyrannen nach katholischer Lehranschauung, in: Pflster und Hildmann, a.a.O., S. 122 ff.
[47] In Weiterentwicklung der vom OGH in: OGHSt 1, 321 und 2, 117 herangezogenen Grundsätze.
[48] s. *Welzel*, in: MDR 1949, 373 ff.
[49] s. *Maunz*, Deutsches Staatsrecht, 14. Aufl. 1965, S. 95.

schichte des Widerstandsrechts bis 1946 aber nicht gegeben. Ob eine ethische oder moralische Widerstandspflicht besteht, interessiert in diesem Zusammenhang nicht. Art. 20 GG legt auch keine Widerstandspflicht des Staatsbürgers fest, obschon Vorbilder hierfür vorhanden waren: Art. 147 Abs. I der hessischen Verfassung und Art. 19 der Bremer Verfassung legen, unter den bekannten Voraussetzungen, jedermann die Pflicht zum Widerstand gegen die Staatsgewalt auf. Hierbei handelt es sich aber nicht um eine echte staatsrechtliche Pflicht; die Pflicht, Widerstand zu leisten, ist nicht erzwingbar wie andere im öffentlichen Recht verankerte Pflichten des Staatsbürgers, weil die Staatsorgane den Bürger nicht zum Widerstand und damit zum Ungehorsam gegen den Staat zwingen können, von dem sie selbst Befehle entgegennehmen. Widerstand ist vielmehr immer ein Wagnis, das auf sich zu nehmen nicht jedermanns Sache ist. Zudem enthält das Grundrecht der freien Meinungsäußerung auch das Recht, über die Frage der Notwendigkeit oder Zweckmäßigkeit des Widerstandes anderer Meinung zu sein. Damit hängt auch das Recht zusammen, Demokratie und verfassungsmäßige Ordnung des Grundgesetzes abzulehnen, über diese Dinge eine grundsätzlich andere Meinung zu haben, als sie im Grundgesetz niedergelegt ist. Es würde wohl grundrechtswidrig und damit ein Widerspruch innerhalb der Verfassung sein, solche anders denkenden Bürger von Verfassungs wegen zum Widerstand und damit zum Kampf gegen ihre eigene Meinung zu verpflichten. Deshalb wird man wohl auch im Bereich der hessischen und der Bremer Verfassung nicht von echten Rechtspflichten zum Widerstand sprechen können.

Eine echte staatsbürgerliche Rechtspflicht zum Widerstand zu begründen stände dem Verfassungsgesetzgeber auch schlecht an, solange nicht einmal für die besonders verpflichteten Diener des Rechtsstaats, die Beamten, in den Beamtengesetzen eine solche Pflicht begründet wird. Den Beamten trifft zwar eine besondere Treuepflicht; er ist verpflichtet, für die Erhaltung der demokratischen Grundordnung einzutreten. Bis zum aktiven Widerstand geht diese Pflicht aber nicht[50]. Dabei wäre Widerstand durch den Beamtenapparat besonders wirksam und aussichtsreich, weil er aus dem Zentrum der Staatsmacht heraus geleistet werden würde und so einem diktatorischen Machtmißbrauch am sichersten Schranken setzen könnte[51].

Wenn es mithin eine echte staatsrechtliche Widerstandspflicht nicht gibt, was mindestens für das Widerstandsrecht des Art. 20 Abs. IV GG sicher ist, so gibt es doch für die Mitglieder verschiedener Industriegewerkschaften eine Art satzungsgemäßer Pflicht zur Beteiligung am

---

[50] s. v. *Borch*, a.a.O., S. 230 ff.
[51] v. *Borch*, a.a.O., S. 209 ff.

politischen Streik, der in Ausübung des Widerstandsrechts unternommen wird. Dabei hat das einzelne Gewerkschaftsmitglied auf den Streikbeschluß in diesen Fällen keine oder doch nur ganz geringe Einflußmöglichkeiten. So kann nach § 22 der augenblicklich gültigen Satzung der IG Chemie der Vorstand ohne Beteiligung des Beirats „bei Angriffen auf die demokratische Grundordnung oder auf die demokratischen Grundrechte" und bei Angriffen auf die Existenz oder die Rechte der Gewerkschaften einen Streikbeschluß fassen. Nach § 11 Nr. 5 der Satzung der IG Metall ist der Vorstand berechtigt, bei Angriffen auf die Rechte und die Existenz der Gewerkschaften und bei Gefährdung der demokratischen Grundrechte durch Beschluß zur Arbeitsniederlegung aufzufordern. Schließlich ist nach § 13 Nr. 4 der Satzung der IG Bergbau der Hauptvorstand ermächtigt, in denselben Fällen ohne Urabstimmung einen Streik zu beschließen, in denen dies auch der Vorstand der IG Metall tun kann. Die Satzungen dieser Industriegewerkschaften sehen hinsichtlich der so zustande gekommenen Streikbeschlüsse für ihre Mitglieder unbedingte und bindende Folgepflichten vor[52]. Wer gegen diese Pflicht zur Beteiligung am Streik verstößt, kann ausgeschlossen werden. Da ein ausgeschlossenes Mitglied u. U. nicht unbeträchtliche, durch langjährige Beitragszahlungen erworbene Rechte verlieren kann, kann die Nichtbeteiligung für das Gewerkschaftsmitglied erhebliche Nachteile zur Folge haben. Eine solche satzungsgemäße Pflicht zum Widerstand ist aber keine staatsrechtliche Pflicht. Die Freiheit des einzelnen Mitglieds zu einer staatsbürgerlichen Entscheidung für oder gegen die Ausübung des Widerstandsrechts wird im Grunde genommen durch eine solche satzungsgemäße Beteiligungspflicht am politischen Streik als Widerstandshandlung nicht beeinträchtigt. Denn es ist niemand gezwungen, einer Gewerkschaft beizutreten. Tritt er bei, so billigt er die Satzung mit den sich daraus ergebenden Konsequenzen. Vermag er später den Konsequenzen seines Beitritts nicht mehr zuzustimmen, so bleibt ihm immer das Recht des Austritts aus der Vereinigung, wenn er einem etwaigen Ausschluß als Ungehorsamsfolge entgehen will.

---

[52] § 23 der Satzung der IG Chemie, §§ 9 Nr. 1 und 10 der Satzung der IG Bergbau und §§ 3 Nr. 3, 11 Nr. 4 und 29 Nr. 1 der Satzung der IG Metall.

Vierter Teil

Möglichkeiten der Rechtfertigung einer Revolution

Da das Widerstandsrecht und die Staatsnothilfe nur der Erhaltung und Bewahrung der alten, d. h. bestehenden Rechts- und Staatsordnung dienen können, ist deren Anwendbarkeit eng begrenzt. Wenn sich die Gewalt- und Willkürherrschaft bereits gefestigt und weite Teile der Rechtsordnung außer Kraft gesetzt hat, ist die alte Rechtsordnung nicht mehr vorhanden, mindestens in weiten Teilen nicht mehr existent. Dann kann aber deren Erhaltung und Bewahrung nicht mehr in Betracht kommen. In anderen Fällen wird das Vertrauen der Bürger in die Teile der bisherigen Rechtsordnung, die das Aufkommen der Unrechtsherrschaft ermöglicht haben, so sehr erschüttert sein, daß schon von daher eine Bewahrung und Erhaltung der früheren Rechtsordnung wenig sinnvoll ist. Eine durchgreifende und dauerhafte Änderung der Verhältnisse, eine Wendung zum Besseren hin, ist bei einer gefestigten Gewalt- und Willkürherrschaft zudem nur möglich durch die Einführung einer neuen, besseren Rechts- und Staatsordnung, die wieder rechtsstaatliche Grundsätze verwirklicht. Die darauf abzielenden Handlungen stellen aber nicht mehr die Ausübung des Widerstandsrechts dar, sondern es handelt sich dabei um einen gewaltsamen Umsturz, eine Revolution oder um verwandte Tatbestände, wie z. B. den Putsch. Diese Unternehmungen sind als hochverräterische Unternehmen grundsätzlich rechtswidrig. Es gibt keine Rechtsordnung, die derartige Handlungen nicht unter schwere Strafe stellt. Es liegt auf der Hand, daß keine Verfassungsordnung ihre gewaltsame Beseitigung zulassen kann. Nun kann aber die Rechtfertigung von Kampfhandlungen gegen eine Gewalt- und Willkürherrschaft nicht von dem Zeitpunkt abhängig sein, in welchem die Handlungen unternommen werden. Der Kampf gegen die Unrechtsherrschaft muß immer Recht sein, gleichgültig, ob es sich um Kampfhandlungen gegen die beginnende Gewalt- und Unrechtsherrschaft handelt oder ob sie gegen dieses Regime auf dem Höhepunkt seiner Macht gerichtet sind. Wenn das Widerstandsrecht nur für einen begrenzten Teil dieser Kampfmaßnahmen als Rechtfertigungsgrund dienen kann — was nach den bisherigen Untersuchungen sicher ist — dann muß die Rechtsordnung für die übrigen Handlungen dieses Kampfes einen weiteren Rechtfertigungsgrund bereithalten. Als solch ein Rechtfertigungsgrund kann der rechtfertigende (übergesetzliche) Notstand dienen. Das wird auf den folgenden Seiten näher zu untersuchen sein.

Wenn der Staat derart zum Unrechtsstaat entartet ist, daß er sich nicht einmal mehr an bescheidene Beschränkungen gegen völlige Willkür gebunden hält, dann muß das Unternehmen einer Revolution anders bewertet werden, als es bei einem Umsturz der Fall ist, der die Umwandlung eines Rechtsstaats in ein anderes Gebilde, etwa gar in eine Gewalt- und Willkürherrschaft, zum Ziele hat. Wenn ein Umsturz unternommen wird, um eine reine Willkürherrschaft zu beseitigen und wenn an deren Stelle eine dem Recht gemäße Verfassungsordnung eingeführt werden soll, so kann diese Revolution schlecht mit einer rechtswidrigen und strafbaren Handlung gleichgesetzt werden. Eine solche Gleichsetzung würde dem Rechtsgefühl und auch ethischen und religiösen Grundsätzen zuwiderlaufen.

Die moderne Ethik — sofern sie sich zu absoluten ethischen Werten bekennt und zu diesen Werten auch das Recht zählt — gibt allen Staatsbürgern das Recht zum alle Mittel umfassenden Widerstand gegen den Staat, wenn dieser so entartet ist, daß er selbst das Recht nicht mehr respektiert, sondern eindeutig und offen zum reinen Unrechtsstaat geworden ist[1]. Teilweise wird den Bürgern in dieser Situation sogar eine ethische Pflicht zum Widerstand auferlegt. Wenn dann ein gewaltsamer Staatsumsturz als allerletztes Mittel zur Besserung der Verhältnisse unternommen wird, so ist dieses Unternehmen vom ethischen Standpunkt niemals verwerflich; es kann im Gegenteil ethisch sogar geboten sein.

Die christliche Auffassung ist ähnlich. Zwar gibt es auch heute noch grundsätzlich für die meisten Theologen kein Recht zum gewaltsamen Staatsumsturz[2], wenigstens kein Recht zum Umsturz eines seinen Aufgaben voll gerecht werdenden Rechtsstaats. Immerhin kann aber in Ausnahmefällen eine Revolution gerechtfertigt oder doch wenigstens nicht verwerflich sein.

Nach gesicherter *katholischer Lehranschauung* ist aktiver Widerstand einschließlich einer gewaltsamen Erhebung gegen eine im Ganzen ungerecht regierende Staatsgewalt dann berechtigt, wenn das gewaltsame Vorgehen unter notwehrähnlichen Voraussetzungen erfolgt. Dabei sieht man den für die Notwehr erforderlichen gegenwärtigen Angriff der

---

[1] *Dempf*, Die heutige Position — staats- und rechtsphilosophisch, in: Pfister und Hildmann, a.a.O., S. 109; s. ferner den Diskussionsbeitrag von *v. d. Gablentz*, in: Pfister und Hildmann, a.a.O., S. 118 f.
[2] s. *Dibelius*, Grenzen des Staates, 1949, S. 80; *Bonhoeffer*, Ethik, 1953, S. 273; sinngemäß genauso: *Angermair*, Die Tötung eines Tyrannen nach katholischer Lehranschauung, in: Pfister und Hildmann, a.a.O., S. 125.

Staatsgewalt in den ungerechten Handlungen der Staatsorgane, wenn diese Handlungen einen besonders schweren Mißbrauch der staatlichen Gewalt darstellen. Dieser Mißbrauch muß für jedermann erkennbar ohne jeden Zweifel vorliegen. Bevor der Umsturz unternommen wird, müssen alle verfassungsmäßigen Mittel zur Abwendung solchen Mißbrauchs erschöpft sein, oder sie müssen von vornherein als aussichtslos erscheinen. Außerdem muß der Umsturz so vorbereitet sein, daß vernünftigerweise mit seinem Erfolg gerechnet werden kann. Ob der Erfolg später eintritt, ist bedeutungslos; es kommt nur darauf an, daß die Handelnden den Umsturz verantwortungsbewußt vorbereiten; sie müssen in dem Bewußtsein zur Tat schreiten, daß sie im Sinne und im stillschweigenden Auftrag der qualitativ besseren Mehrheit des Volkes handeln. Ziel dieses Umsturzes darf schließlich nicht lediglich die Wiederherstellung früherer Herrschaftsverhältnisse oder die bloße Änderung der Staatsform sein[3].

In den evangelischen Kirchen gibt es keine allgemeinverbindliche Lehrautorität und deshalb auch keine in den Einzelheiten einheitliche Auffassung sowie keine offizielle Lehrmeinung über die Berechtigung eines Staatsumsturzes[4]. Immerhin ist von einigen der evangelischen Theologen, die die Zeit des Nationalsozialismus miterlebt hatten und die in der damaligen Zeit selbst Verfolgungsmaßnahmen ausgesetzt gewesen waren, unter dem unmittelbaren Eindruck ihrer damaligen Erfahrungen ein gewaltsamer Umsturz einer Unrechtsherrschaft als eine für den Christen gebotene Tat bezeichnet worden. Zu diesen Theologen gehört neben *Bonhoeffer* besonders *Karl Barth*, der in seiner Schrift „Christengemeinde und Bürgergemeinde", die einen nach 1945 gehaltenen Vortrag wiedergibt und die als Konsequenz seiner systematischen Gedankengänge anerkannt ist[5], folgendes ausgeführt hat: Der Staat sei eine von Gott aufgerichtete relative Ordnung für die nicht erlöste Welt. Die Christengemeinde — also die Kirche — sei für diese relative Ordnung mit verantwortlich; der christliche Glaube bedinge — wie Barth an anderer Stelle ausführt — zu den weltlichen Dingen eine ganz bestimmte Stellungnahme[6]. Da das Bekenntnis des christlichen Glaubens im Alltag vollzogen werden müsse, müsse die Christengemeinde im Bereich staatlicher Entscheidungen immer diejenigen unterstützen, die inhaltlich eine Analogie des Inhalts ihres eigenen Bekenntnisses und

---

[3] *Angermair*, a.a.O., S. 122 ff.; *derselbe*, Moraltheologisches Gutachten über das Widerstandsrecht nach katholischer Lehre, in: Kraus, Braunschweiger Remerprozeß, 1953, S. 29 ff.; *Beckel*, Christliche Staatslehre, 1960, S. 45 ff.; *Rock*, Widerstand gegen die Staatsgewalt, 1966, S. 77 ff.

[4] s. *Iwand* und *Wolf*, Entwurf eines Gutachtens zur Frage des Widerstandsrechts nach evangelischer Lehre, in: Kraus, a.a.O., S. 9.

[5] s. dazu *Hillerdahl*, Gehorsam gegen Gott und Menschen, 1955, S. 227.

[6] *Barth*, Dogmatik im Grundriß, 1947, S. 40.

ihrer eigenen Botschaft erkennen ließen[7]. Aus einer solchen christlichen Mitverantwortung könne eine „bewaffnete Erhebung gegen ein bestimmtes, unrechtmäßig gewordenes, seiner Aufgabe nicht mehr würdiges und gewachsenes Regiment" nicht nur gutgeheißen werden und zu unterstützen sein, sondern es müsse vielleicht sogar von der Christengemeinde angeregt werden. Eine Einschränkung wird aber gemacht: Das soll nur dann gelten, wenn sich eine solche gewaltsame Lösung als im Augenblick letzte, unvermeidliche Möglichkeit aufdrängt[8].

Ähnlich radikal ist die Ansicht des norwegischen lutherischen Bischofs *Eivind Berggrav*. Dieser legt in einer von ihm während seiner Inhaftierung zur Zeit der deutschen Besetzung Norwegens im zweiten Weltkrieg verfaßten Schrift, deren Manuskript er heimlich aus seiner Zelle hinausgeschmuggelt hat[9], u. a. dar, daß der christliche Gehorsam gegenüber der Staatsgewalt allein aus dem Recht folge. Wenn Paulus im 13. Kapitel des Römerbriefes dem Christen Gehorsam gegenüber der Obrigkeit anbefohlen habe, so habe für ihn zwischen dem Bürger und der Obrigkeit als entscheidende Instanz das Recht gestanden. Wenn die Machthaber aber Gottes Ordnung und das Recht mit Füßen träten und die Lebensrechte der Mitmenschen von Grund aus bedrohten, müsse der Christ — wenn nötig — auch zum Aufruhr schreiten[10]. Dabei genüge nicht, daß eine Gewalt- und Willkürherrschaft vorhanden sei, die es zu bekämpfen gelte. Als treibende Kraft für diese Bekämpfung habe das Gewissen des einzelnen darüber hinaus eine Kontrollwirkung in dem Sinne zu übernehmen, daß es sich bei dem Aufruhr Gottes Urteil zu unterwerfen habe. Eine Not der Gemeinschaft könne für den einzelnen dadurch zur Sache Gottes werden, daß Gott den Menschen berufe, eine die Allgemeinheit angehende Sache auf sich zu nehmen. Habe das Gewissen diesen Ruf empfangen und sei es bereit, für die Sache Opfer zu bringen, dann habe Gott mit ihm einen Bund geschlossen. In solch einem Falle sei der gewaltsame Staatsumsturz eine durch den christlichen Glauben gebotene Tat.

Es mag dahinstehen, ob die gelegentlich gegen diese Ansichten erhobenen theologischen Einwände berechtigt waren oder nicht. Auch gemäßigtere, weniger leidenschaftlich engagierte Theologen kamen zu ähnlichen Ergebnissen. So hielt z. B. *Diem* die christliche Gemeinde für mitverantwortlich für den Staat, und aus dieser Mitverantwortung heraus billigte er ihr ein Widerstandsrecht zu, wenn der Glaube eine staatliche Maßnahme als Unrecht beurteilen muß. Dieser Widerstand

---

[7] *Barth*, Christengemeinde und Bürgergemeinde, 1947, S. 30.
[8] *Barth*, Christengemeinde u. Bürgergemeinde, S. 39 f.
[9] Vgl. *Berggrav*, Der Staat und der Mensch, 1946, S. 7 f.
[10] *Berggrav*, a.a.O., S. 276 ff., bes. S. 285.

soll sich notfalls sogar illegaler Mittel bedienen dürfen und im äußersten Falle bis zur gewaltsamen Entfernung der Staatsgewalt gehen können. Zu solchem Verhalten soll der Christ aber nur dann legitimiert sein, wenn er durch den Umsturz den Staat selbst vor der Verleugnung seines göttlichen Mandats gegenüber den Menschen schützen will. Zur Durchsetzung privater oder kirchlicher Interessen soll ein solches Handeln nicht erlaubt sein[11].

Wenn auch diese schon gemäßigte Ansicht für manche der evangelischen Theologen in den fünfziger Jahren dieses Jahrhunderts zu weit ging, so wird man doch als allen evangelischen Theologen gemeinsame Auffassung festhalten können, daß in bestimmten Ausnahmefällen, nämlich zur Beseitigung einer extremen Gewalt- und Willkürherrschaft, die Durchführung eines gewaltsamen Staatsumsturzes vom theologischen Standpunkt aus als nicht verwerflich bezeichnet werden kann. Das sei an Hand der Ansichten von *Künneth* und *Thielicke* kurz verdeutlicht:

Der erstgenannte sieht in einem gewaltsamen Widerstand mit dem Ziel der Beseitigung der bisherigen Staatsgewalt und der Aufrichtung einer besseren Ordnung u. U. einen Gehorsamsakt gegenüber der Erhaltungsordnung Gottes. Das könne aber nur dann gelten, wenn die zu bekämpfende staatliche Gewalt eine Perversion dieser Ordnung darstelle, und zwar in einem solchen Maße, daß sie sowohl staatspolitisch als auch sittlich-religiös nicht mehr tragbar erscheine. Gewaltsamer Umsturz bleibe aber immer ein Wagnis, weil die verschiedenen Umstände, welche dabei zu beachten seien, immer verschiedene Deutungen zuließen. Deshalb hält Künneth weder eine ethisch-moralische Sicherung der Handelnden noch eine ethische Rechtfertigung für möglich. Die Entscheidung schließe notwendigerweise ein „Schuldigwerden" ein; sie führe aber auch zur christlichen, biblischen Rechtfertigung aus göttlicher Gnade hin, die wenigstens nicht ausgeschlossen sei[12].

Ähnlich hält es *Thielicke* ebenfalls grundsätzlich für möglich, daß unter ganz bestimmten Voraussetzungen eine Revolution erlaubt sein kann. Das könne allerdings nur in äußersten Ernstfällen in Betracht kommen, weil jede Revolution wegen der vielen negativen Erscheinungen, die mit ihr verbunden seien, ohnehin äußerst fragwürdig sei. Wenn ein solcher schwer feststellbarer äußerster Ernstfall vorliege, dann müsse außerdem die Revolution durch eine verantwortliche und verantwortungsbewußte Führung geleitet werden. Die geschichtliche Situ-

---

[11] *Diem*, Die heutige Position — theologisch, in: Pfister und Hildmann, a.a.O., S. 100 ff.

[12] *Künneth*, Die heutige Position — theologisch, in: Pfister und Hildmann, a.a.O., S. 96 ff.; vgl. auch *derselbe*, Das Widerstandsrecht als theologisch-ethisches Problem, 1954.

ation müsse auch zum Handeln reif sein, und das Verhalten der Revolutionäre müsse deutlich eine Ausführung des Willens der Gesamtheit des Volkes darstellen[13].

In jüngster Zeit bahnt sich nun ein grundlegender und bedeutsamer Wandel im Verhältnis der evangelischen Theologie zum Staat, zum politischen Bereich als solchen an. Dabei spielt die Erkenntnis eine Rolle, daß alle Revolutionen nur im staatlichen Bereich sichtbar machen, daß sich in der betreffenden menschlichen Gesellschaft größere Umwälzungen sozialer Art ereignet haben, mit der die staatliche Lebensform der Gesellschaft nicht Schritt gehalten hat[14]. Diesen Umwälzungen darf sich der Christ nicht entziehen. Außerdem hat jeder Christ, in welchem Teil der Erde er auch wohnen mag, das Recht, für sich selbst zu fordern, daß seine Menschenwürde unangetastet bleibt. Hier ist der Ansatzpunkt der mit einem Schlagwort als „Theologie der Revolution" bezeichneten neuen Ansichten[15]. Diese Theologie der Revolution sieht in einem gewaltsamen Staatsumsturz eine Art des Ausdrucks des Handelns Gottes in der Welt[16]. Die Gewaltanwendung verliert für diese moderne theologische Richtung die Schrecken, die sie bisher für die evangelische Ethik hatte und die einer der Gründe für die zurückhaltende Beurteilung waren, die z. B. Künneth und Thielicke dem gewaltsamen Staatsumsturz zuteil werden ließen. Die Theologie der Revolution kennt die Frage nach der Gewalt nicht mehr in der Form, ob der Christ sich an einer Revolution als Gewaltanwendung beteiligen darf und diese Beteiligung vor den ethischen Instanzen rechtfertigen kann. Diese Frage ist vielmehr jetzt der Einsicht untergeordnet, daß die betreffende Revolution um Gottes Willen nötig sein kann. Primär ist also nur die Teilnahme am Handeln Gottes in der Welt; die Gewaltanwendung wird dann zum nebensächlichen Problem, das keinen primären theologisch-ethischen Stellenwert mehr hat[17]. Nähere Untersuchungen über diese neue Theologie der Revolution und Untersuchungen über etwaige Bedenken theologischer Art dagegen sind an dieser Stelle nicht nötig. Es ist nur festzuhalten, daß hierbei neue theologische Erkenntnisse vorgelegt werden und daß danach die Beteiligung an einer Revolution, welcher auf diese Weise ein christlicher Inhalt gegeben wird, vom christlichen Glauben her nicht verboten, sondern im

---

[13] *Thielicke*, Theologische Ethik, Bd. II Teil 2, 1958, S. 423—431.
[14] Vgl. *Schweitzer*, Der entmythologisierte Staat, Gütersloh 1968, S. 141.
[15] Vgl. den Bericht über die Genfer Weltkonferenz für Kirche und Gesellschaft im Sommer 1966 mit dem Titel: Appell an die Kirchen der Welt, Stuttgart 1967; vgl. auch Wendland, Die Kirche in der revolutionären Gesellschaft, Gütersloh 1967, S. 77 ff.
[16] *S. Rendtorff*, Aufbau einer revolutionären Theologie — eine Strukturanalyse, in: Rendtorff und Tödt, Theologie der Revolution, 1968, S. 66.
[17] *Rendtorff*, a.a.O., S. 65.

4. Teil: Möglichkeiten der Rechtfertigung einer Revolution

Gegenteil geboten ist. Das geht also noch über die geschilderte Ansicht von Karl *Barth* hinaus. Eine endgültige Stellungnahme dazu ist hier nicht möglich. Selbst wenn diese Ansichten als zu weitgehend anzusehen wären, so bliebe immer noch als allen evangelischen Theologen gemeinsame Ansicht übrig, daß jedenfalls der gewaltsame Umsturz einer Gewalt- und Willkürherrschaft zumindest nicht verboten ist.

Diesen ethischen und religiösen Forderungen kann sich das Recht nicht verschließen. Es kann nicht verbieten, was die als richtig anerkannte Ethik vom einzelnen fordert[18].

Wann eine Gewalt- und Willkürherrschaft vorliegt, deren Beseitigung gerechtfertigt sein soll, läßt sich einigermaßen brauchbar definieren an Hand von Ausführungen, die Radbruch nach 1945 über die inhaltliche Unterscheidung der Rechtsnormen vom Unrecht gemacht hat[19]. Diese Ausführungen zu Grunde gelegt, kann man folgendes sagen: Der Staat ist dann zu einer reinen Gewalt- und Willkürherrschaft geworden, wenn er in seinen Handlungen nicht mehr vom Recht her bestimmt und begrenzt wird, wenn seine Anordnungen und Gesetze sowie seine Verwaltung nicht mehr nach der Verwirklichung der Gerechtigkeit streben, und wenn die Gleichheit aller, die den Kern der Gerechtigkeit ausmacht, vom Staat bewußt geleugnet wird[20].

Der gewaltsame Umsturz einer solchen Unrechtsherrschaft kann nicht rechtswidrig sein. Man wird schon zweifeln müssen, ob in einem solchen Fall überhaupt der objektive Tatbestand des Hochverrats verwirklicht werden kann. Es ist zwar bisher überwiegend anerkannt, daß die Hochverratsbestimmungen die materielle Staatsverfassung in der jeweiligen konkreten Gestalt schützen[21]. Es erscheint aber fraglich, ob ein Unrechtsstaat, dessen Handlungen überhaupt nicht mehr vom Recht, sondern nur noch von reiner Willkür bestimmt werden, überhaupt rechtlichen Schutzes fähig ist. Zudem enthält der derzeit gültige § 81 StGB einen Wertakzent, nämlich die freiheitlich-demokratische Grundordnung, auf der die Bundesrepublik beruht. Ist diese nicht mehr vorhanden, so müßte auch der Schutz des § 81 StGB für den Staat entfallen. Damit wäre das hier interessierende Problem aber nicht gelöst, weil jeder Staat Straftatbestände ändern und neu festsetzen kann. Wenn der Umsturz einer Unrechtsherrschaft den Tatbestand des § 81 StGB nicht erfüllen würde, so würde die Unrechtsherrschaft die Hoch-

---

[18] *Arndt*, in: NJW 1962, 430.
[19] SJZ 1948, 106 ff.
[20] Vgl. Zweiter Teil, Abschnitt IV (Fußnote 26).
[21] s. *Weinkauff*, Die Militäropposition gegen Hitler und das Widerstandsrecht, 1954, S. 8 f.; s. auch Leipziger Kommentar zum StGB, 8. Aufl. 1957, Anm. 2 zu § 80 StGB.

verratsvorschriften oder ähnliche Strafvorschriften so ändern, daß damit die Strafbarkeit des Umsturzes jedenfalls gesichert sein würde. Wenn aber in dem Ausnahmefall des Unternehmens einer Revolution in einem Unrechtsstaat den Revolutionären ein Rechtfertigungsgrund zur Seite steht, dann ist ihr Handeln nicht rechtswidrig und damit keine strafbare Handlung, gleichgültig, welcher Straftatbestand an sich verwirkt wäre. Rechtfertigungsgründe sind an sich nicht nach jeder beliebigen Richtung veränderbar, weil häufig darin nur übergesetzliche Rechtsprinzipien ihren positivrechtlichen Niederschlag gefunden haben. Würden sie z. B. von dem Unrechtsstaat aufgehoben, so würden sie deshalb gleichwohl als übergesetzliches Recht weitergelten, genau wie der sogenannte rechtfertigende Notstand als übergesetzlicher Rechtfertigungsgrund lange Zeit in seiner Geltung auch ohne ausdrückliche Aufnahme in das Strafgesetzbuch unbestritten war.

Das Widerstandsrecht und das Staatsnothilferecht können als Rechtfertigungsgründe für den Umsturz der Unrechtsherrschaft nicht in Betracht kommen. Sie dienen nur der Aufrechterhaltung eines bestehenden Rechtszustandes, nicht seiner Beseitigung. Verschiedentlich sind auch die Bestimmungen über die Notwehr zur Rechtfertigung des Unternehmens eines gewaltsamen Umsturzes einer Gewalt- und Willkürherrschaft herangezogen worden[22]. Man hat auch die Notwehr gleichsam erweitert zu einem „natürlichen Notwehrrecht des Volkes", welches nur gegen eine Gewalt- und Willkürherrschaft gegeben sein soll[23]. Es ist natürlich nicht ausgeschlossen, daß die Voraussetzungen der Notwehr für gewisse Teilhandlungen, die im Verlaufe des Umsturzes begangen werden, im Einzelfall vorliegen können[24]. Generell gilt aber für die Notwehr dasselbe wie für die Staatsnotwehr: Sie können nicht zur Rechtfertigung eines Staatsumsturzes dienen, sondern nur zur Verhinderung eines solchen Umsturzes.

Es bleibt nur der rechtfertigende (übergesetzliche) Notstand zur Rechtfertigung des Umsturzes in der beschriebenen Ausnahmesituation übrig. Das Unternehmen eines gewaltsamen Umsturzes in einer Gewalt- und Willkürherrschaft führt wie keine andere Handlung mitten hinein in den Konflikt zwischen dem Recht, der Rechtsidee und dem positiven staatlichen Gesetz, zwischen ethischen und sittlichen Forderungen und positiven staatlichen Geboten. Für die Beurteilung der Rechtmäßigkeit einer Handlung, die in einer solchen Konfliktslage begangen wird, gibt es seit langem den rechtfertigenden (übergesetzlichen)

---

[22] So noch von *Schier*, in: Geschichte 1959, 612 f.
[23] *Kipp*, Mensch, Recht und Staat, 1947, S. 93.
[24] So z. B. im Fall des Ungehorsams gegen Bewirtschaftungsbestimmungen, den das OLG Bamberg zu entscheiden hatte (NJW 1962, 457).

Notstand. Dieser Rechtfertigungsgrund ermöglicht eine Entscheidung gemäß dem Rechtsempfinden und dem sittlichen Denken zu Gunsten des Rechts im Sinne von materieller Gerechtigkeit[25].

Der rechtfertigende Notstand ist nicht nur für Handlungen gegeben, die eine Verletzung von dem einzelnen zustehenden Rechtsgütern abwehren sollen. Seine Reichweite ist vielmehr unbegrenzt; Rechtsgüter der Allgemeinheit sind ebenfalls notstandsfähig. Dies ist in der Rechtsprechung seit langem anerkannt. Schon 1928 hat das Reichsgericht[26] einen Gesetzesverstoß als durch übergesetzlichen Notstand gerechtfertigt bezeichnet, der von der Wirtschaft eines bestimmten Gebietes die anders nicht abwendbare Gefahr des Erliegens oder einer schweren Dauerschädigung abhalten sollte. Einige Jahre später hat das Reichsgericht diese Gedanken dahin erweitert, daß unter besonderen Umständen, wenn z. B. der Staat am rechtzeitigen und umfassenden Eingreifen zu Gunsten der Bedrohten behindert sei, zu Gunsten eines bestimmten Volksteiles ein übergesetzliches Notstandsrecht gegenüber der gegenwärtigen Gefahr der Beeinträchtigung der wirtschaftlichen Leistungsfähigkeit und des Fortbestehens des betreffenden Volksteiles anerkannt werden müsse[27].

Wenn nun schon eine Handlung gerechtfertigt ist, die der Abwehr der Gefahr einer schweren Beeinträchtigung der wirtschaftlichen Leistungsfähigkeit eines Volksteiles dient, dann muß auch ein Umsturz gerechtfertigt sein, der der Abwehr schweren staatlichen Unrechts dient, wenn andere Mittel zur Abhilfe nicht mehr gegeben sind. Allerdings hat der Oberste Gerichtshof für die britische Zone seinerzeit die Grundsätze des übergesetzlichen Notstands bei solchen Handlungen für unanwendbar gehalten, die als Ausweg aus Situationen begangen worden sind, die eine Folge verbrecherischen Verhaltens des Staates selbst darstellen[28]. Ein solches Handeln sollte nicht gerechtfertigt sein. Für eine solche Einschränkung der Anwendungsmöglichkeiten des übergesetzlichen oder rechtfertigenden Notstandes ist aber kein Grund einzusehen. Mit Recht hat *Mayer* betont, daß eine „außerordentliche Nothilfe" sehr häufig gerade bei staatlicher Unordnung, gegen verbrecherische Handlungen des Staates, besonders dringlich sein wird[29]. *Eberhard Schmidt*[30] und *Welzel*[31] sind der Ansicht des Obersten Gerichtshofes mit

---

[25] *Eberhard Schmidt*, in: SJZ 1949, 559 (566).
[26] RGSt 62, 35 (46 ff.).
[27] JW 1932, 2810.
[28] OGHSt 1, 321.
[29] Strafrecht, allg. Teil, 1953, S. 183.
[30] SJZ 1949, 559 ff.
[31] MDR 1949, 373 ff.

überzeugenden Argumenten entgegengetreten und die spätere Rechtsprechung hat sich der Ansicht des Obersten Gerichtshofes nicht angeschlossen.

Selbstverständlich kann das Unternehmen des Umsturzes nur dann gerechtfertigt sein, wenn sämtliche Voraussetzungen des rechtfertigenden Notstandes vorliegen, die von der Rechtsprechung und der Rechtslehre schon vor der ausdrücklichen gesetzlichen Festlegung dieses Rechtfertigungsgrundes herausgearbeitet worden sind. Sie sollen hier nicht in allen Einzelheiten dargestellt werden[32]; folgende kurzen Hinweise mögen genügen:

Das bedrohte und zu rettende Rechtsgut muß gegenüber dem zum Zweck der Rettung zu verletzenden Gut höherwertig sein[33]. Verletzt der Staat bewußt die Menschenwürde und die Gleichheit aller vor dem Gesetz, werden mit anderen Worten nur willkürliche Handlungen seitens des Staates vorgenommen, so kann das Ergebnis dieser Güterabwägung nicht zweifelhaft sein. Die Einführung einer dem Recht gemäßen Staatsordnung, einer materielle Gerechtigkeit erstrebenden und die Menschenwürde achtenden Verfassung steht von einem bestimmten Grade der Gewalt- und Willkürherrschaft ab sicherlich weit über der durch den Bestand des Willkürregimes immerhin sichergestellten Ordnung und Sicherheit.

Außerdem muß der gewaltsame Umsturz immer das allerletzte, außergewöhnliche Mittel zur Besserung der Zustände bleiben. Er darf erst unternommen werden, wenn ein anderer Ausweg nicht mehr möglich ist und wenn andere, weniger einschneidende Mittel keine Aussicht auf Erfolg versprechen[34]. Anders kann der Umsturz nicht als angemessenes Mittel zur Besserung der Verhältnisse bezeichnet werden. Außerdem muß das zu rettende Rechtsgut sich in gegenwärtiger Gefahr befinden. Insoweit kann auf das verwiesen werden, was im Abschnitt V des zweiten Teils der vorliegenden Untersuchung über die Gegenwärtigkeit der Gefahr bei der Staatsnothilfe ausgeführt worden ist.

Schließlich muß eine gewissenhafte Interessenabwägung, das heißt eine Abwägung des Für und Wider durch die Handelnden dem Umsturz vorausgegangen sein[35]. Die Abwägung muß objektiv, also vom Standpunkt der Rechtsgemeinschaft, nicht subjektiv vom Standpunkt des einzelnen aus erfolgen[36]. Die Abwehr des Unrechts, welches von der Gewalt- und Willkürherrschaft droht, darf schuldlose Dritte nicht mehr

---

[32] Vgl. die Übersichten in den Kommentaren zum StGB.
[33] RGSt 61, 242; BGHSt 2, 242.
[34] Vgl. BGHSt 3, 7.
[35] RGSt 62, 137; OGHSt 3, 11.
[36] OLG Tübingen, in: NJW 1948, 700.

als unvermeidlich in Mitleidenschaft ziehen. Der Umsturz darf nicht zu einer Gefahr für das Leben des Volkes werden, zu dessen Nutzen er ja gerade unternommen wird[37]. Die Revolutionäre werden ihr Vorhaben eingehend an den sittlich-ethischen Maßstäben prüfen müssen, wie sie zuvor angedeutet worden sind und wie sie z. B. von *Weinkauff*[38] als einschränkende Voraussetzung für die Ausübung des Widerstandsrechts angeführt worden sind[39].

Die Anforderungen, die dabei zu stellen sind, werden immer wieder verschieden sein. Es wird darauf ankommen, welche Fähigkeiten und Kenntnisse der einzelne hat und wie weit er sich einen Überblick über die Gesamtsituation verschaffen kann. So wird man von dem hohen militärischen oder politischen Führer mehr Einsicht und Überlegung fordern müssen als von dem einfachen Mann des Volkes. Sicherlich sind nicht immer umfangreiche wissenschaftliche Überlegungen oder Beratungen der Handelnden untereinander erforderlich. Dazu wird im Unrechtsstaat Zeit und Gelegenheit fehlen. Der Handelnde muß sich aber aus tiefem ethischen Verantwortungsbewußtsein heraus zur Tat entschließen. Leichtfertige Aktionen sind nicht gerechtfertigt. Was in den Kreis der Erwägungen einbezogen werden muß, kann im einzelnen nicht alles aufgezählt werden. Sicher ist aber, daß die beiden zuvor erwähnten Notstandsvoraussetzungen gewissenhaft überlegt und geprüft werden müssen. Außerdem ist zu bedenken, daß der Umsturz eine große Zahl Unschuldiger schädigen kann und die Gefahr besteht, daß die Leiden des Volkes noch vergrößert statt verringert werden. Zwar hängt die Rechtmäßigkeit des Umsturzes nicht von seinem tatsächlichen Erfolg ab. „Die Rechtfertigung des Handelns hängt von den sittlichen Maßstäben unserer Kultur, nicht von seinem Nutzeffekt", seinem Erfolg ab[40]. Die mit einem etwaigen Mißerfolg zusammenhängenden Gefahren müssen aber bedacht worden sein. Außerdem kann auch die Erwägung in Betracht kommen, was nach dem Umsturz geschehen soll. Unter Umständen müssen also diejenigen, die nach ihren Kenntnissen und Fähigkeiten dazu in der Lage sind, auch die Zukunft verantwortungsbewußt soweit als tunlich vorbereiten, damit nicht nach erfolgreicher Beseitigung der Gewalt- und Willkürherrschaft ein Chaos eintritt, welches wiederum der schuldlosen Bevölkerung Opfer auferlegen würde.

Nur wenn alle diesen strengen Voraussetzungen erfüllt sind, kann der gewaltsame Staatsumsturz ausnahmsweise nicht ein rechtswidriger

---

[37] *Arndt*, a.a.O.; *Mayer*, a.a.O., S. 183.
[38] a.a.O., S. 20 ff.
[39] Vgl. dazu auch *Arndt*, a.a.O.; *Mezger* im Leipziger Kommtar zum StGB, 8. Aufl. 1957, Vorbem. 10 I vor § 51 StGB.
[40] *Kohlrausch-Lange*, Strafgesetzbuch, 43. Aufl 1961, System. Vorbem. III, 2 vor § 1 StGB.

Hochverrat, sondern eine durch rechtfertigenden Notstand gerechtfertigte Handlung sein. Dabei sind dann aber auch solche weiteren Handlungen mit gerechtfertigt, die mit diesem Hochverrat in der Weise untrennbar zusammenhängen, daß ohne sie im Einzelfall der Umsturz nicht durchgeführt werden kann. Tötungen von Menschen können dadurch allerdings nicht gerechtfertigt werden, wie im Abschnitt VII des vorangehenden dritten Teils dieser Untersuchung ausgeführt worden ist.

Die Tatsache der ausnahmsweisen Rechtfertigung dieser Art von Umsturz wird allerdings erst nach Beendigung der Gewalt- und Willkürherrschaft praktische Bedeutung erlangen. Der Unrechtsstaat selbst wird eine mißlungene Revolution immer als strafbare Handlung ansehen und die Revolutionäre unschädlich zu machen wissen. Sind aber wieder rechtsstaatliche Verhältnisse eingetreten, so ist es nicht gleichgültig, ob diejenigen, die aus hoher ethischer Verantwortung heraus einen erfolglos gebliebenen gewaltsamen Umsturz der Willkürherrschaft unternahmen, als strafbare Hochverräter oder als nicht nur ethisch, sondern auch juristisch Gerechtfertigte dastehen. Die Situation entspricht hier ganz derjenigen nach Ausübung des Widerstandsrechts, die schon dargestellt worden ist. Darauf kann hier verwiesen werden.

Literaturverzeichnis

Anschütz, Gerhard und Richard *Thoma* (Herausgeber): Handbuch des Deutschen Staatsrechts, Tübingen 1932

Arndt, Adolf: Agraphoi nomoi — Widerstand und Aufstand, in: NJW 1962, 430

Barth, Karl: Christengemeinde und Bürgergemeinde (Kirche und Staat), Gladbeck 1947

— Dogmatik im Grundriß (im Anschluß an das apostolische Glaubensbekenntnis), Stuttgart 1947

— Die kirchliche Dogmatik, III. Bd.: Die Lehre von der Schöpfung, 4. Teil, Zollikon, Zürich 1951

Baumann, Jürgen: Strafrecht, Allg. Teil, 4. Aufl., Bielefeld 1966

Beckel, Albrecht: Christliche Staatslehre; Grundlagen und Zeitfragen, Osnabrück 1960

Berber, Friedrich: Lehrbuch des Völkerrechts; Bd. II: Kriegsrecht, München und Berlin 1962

Berggrav, Eivind: Der Staat und der Mensch, Hamburg 1946

Bettermann, Karl August, Hans Carl *Nipperdey*, Franz. L. *Neumann* und Ulrich *Scheuner* (Herausgeber): Die Grundrechte; Handbuch der Praxis und Theorie der Grundrechte, Berlin seit 1954

Boldt, Gottfried: Staatsnotwehr und Staatsnotstand, in: ZStW Bd. 56 (1937), 183

Bonhoeffer, Dietrich: Ethik (zusammengestellt und herausgegeben von Eberhard Bethge), München 1953

Borch, Herbert von: Obrigkeit und Widerstand; zur politischen Soziologie des Beamtentums, Tübingen 1954

Brunner, Peter: Luther und die Welt des 20. Jahrhunderts, Göttingen 1961

Conrad, Hermann: Rechtsstaatliche Bestrebungen im Absolutismus Preußens und Österreichs am Ende des 18. Jahrhunderts (Veröffentlichungen der Arbeitsgemeinschaft für Forschung des Landes Nordrhein-Westfalen, Geisteswissenschaften, Heft 95), Köln und Opladen 1961

Dibelius, Otto: Grenzen des Staates, Tübingen 1949

Enneccerus, Ludwig und Hans Carl *Nipperdey:* Allgemeiner Teil des Bürgerlichen Rechts, 15. Aufl., Tübingen 1960

Erdsiek, Gerhard: Zur Naturrechtstagung der internationalen Juristenkommission — aktives und passives Widerstandsrecht, in: NJW 1962, 192

Forsthoff, Ernst: Lehrbuch des Verwaltungsrechts, Bd. I, Allg. Teil, 7. Aufl., München und Berlin 1958

Literaturverzeichnis

Frank, Reinhard: Das Strafgesetzbuch für das Deutsche Reich, 18. Aufl., Tübingen 1931

Franz, Fritz: Das strikte Verbot der Ausweisung und Abschiebung politisch Verfolgter, in: NJW 1968, 1556

Fuß, Ernst-Werner: Freiheit und Gleichheit des Parteiwirkens, in: JZ 1959, 392

Gallas, Wilhelm: Pflichtenkollision als Schuldausschließungsgrund, in: Festschrift für Edmund Mezger, München und Berlin 1954, S. 311 ff.

Geiger, Willi: Gewissen, Ideologie, Widerstand, Nonkonformismus, München 1963

Gierke, Julius von: Widerstandsrecht und Obrigkeit; Gedanken anläßlich des Falles Schlüter, Stuttgart 1956

Gierke, Otto von: Johannes Althusius und die Entwicklung der naturrechtlichen Staatstheorien; zugleich ein Beitrag zur Rechtssystematik, 4. Aufl., Breslau 1929

— Grundbegriffe des Staatsrechts, Tübingen 1915

Göhring, Martin: Weg und Sieg der modernen Staatsidee in Frankreich, Tübingen 1946

Hatschek, Julius: Deutsches und preußisches Staatsrecht, Berlin 1922

Häupke, Wolfgang: Nochmals: Tumultpersonenschäden, in: NJW 1968, 2229

Heinemann, Gustav: Die Rechtsordnung des politischen Kampfes, in: NJW 1962, 889

Henke, Wilhelm: Die Parteien im Staat des Bonner Grundgesetzes, in: DÖV 1958, 646

Henrichs, Wilhelm: Tumultschädenrecht, in: NJW 1968, 973

Heydte, Friedrich August Freiherr von der: Völkerrecht, Bd. II: Streit und Streiterledigung im Völkerrecht, Köln 1960

Heyland, Carl: Das Widerstandsrecht des Volkes gegen verfassungswidrige Ausübung der Staatsgewalt im neuen deutschen Verfassungsrecht, Tübingen 1950

Hillerdahl, Gunnar: Gehorsam gegen Gott und Menschen; Luthers Lehre von der Obrigkeit und die moderne evangelische Staatsethik, Göttingen 1955

Hippel, Ernst von: Das richterliche Prüfungsrecht, in: Handbuch des Staatsrechts, herausgegeben von Anschütz und Thoma, Tübingen 1932, Bd. 2 S. 551 ff.

Hippel, Robert von: Deutsches Strafrecht, 2 Bde., Berlin 1930

Hirsch, Hans: Die hohe Gerichtsbarkeit im deutschen Mittelalter, fotomechanischer Nachdruck der 2. Auflage, Darmstadt 1958

Historisches Seminar der Universität Bern (Herausgeber): Herrschaftsverträge des Spätmittelalters, Heft 17 der Quellen zur neueren Geschichte, Bern 1952

Hofmann, Hans Hubert: Der Staat des Deutschmeisters; Studien zu einer Geschichte des Deutschen Ordens im Heiligen Römischen Reich Deutscher Nation, München 1964

Hofmann, Hans Hubert (Herausgeber): Die Entstehung des modernen souveränen Staates, Köln und Berlin 1967

Hoffmann, Reinhard: Beamtentum und Streik, in: AöR 1966 (Bd. 91), 141 ff.

Jellinek, Georg: Allgemeine Staatslehre, 2. Aufl., Berlin 1905

Jung, Ernst: Gedanken zum Widerstandsrecht, in: Aus der Schule der Diplomatie, Festschrift zum 70. Geburtstag für Peter Pfeiffer, Düsseldorf und Wien 1965

Kern, Fritz: Gottesgnadentum und Widerstandsrecht im frühen Mittelalter; zur Entwicklungsgeschichte der Monarchie, 2. Aufl., Darmstadt 1954

Kipp, Heinrich: Mensch, Recht und Staat; eine Staatslehre, Köln 1947

Klein, Hans H.: Der Gesetzgeber und das Widerstandsrecht, in: DÖV 1968, 865

Kraus, Herbert (Herausgeber): Die im Braunschweiger Remerprozeß erstatteten moraltheologischen und historischen Gutachten nebst Urteil, Hamburg 1953

Krüger, Herbert: Allgemeine Staatslehre, Stuttgart 1964

Kohlrausch, Eduard und Richard *Lange:* Strafgesetzbuch, 43. Aufl., Berlin 1961

Küster, Otto: Strafsoldat Bock, in: RzW 1962, 57

Künneth, Walter: Das Widerstandsrecht als theologisch-ethisches Problem, München 1954

Lüttger, Hans: Zur Abgrenzung des objektiven Tatbestandes der §§ 92 und 109 f Abs. I, 2 StGB, in: MDR 1966, 629 ff. u. 713 ff.

Laun, Rudolf: Die Haager Landkriegsordnung, 3. Aufl., Wolfenbüttel und Hannover 1947

Mangoldt, Hermann von und Friedrich *Klein:* Das Bonner Grundgesetz, Kommentar, 2. Aufl., Berlin und Frankfurt/M. 1957

Marré, Wilhelm: Die Entwicklung der Landeshoheit in der Grafschaft Mark bis zum Ende des 13. Jahrhunderts, Dortmund 1907

Maunz, Theodor: Deutsches Staatsrecht, 14. Aufl., München und Berlin 1965

Maunz, Theodor und Günter *Dürig:* Grundgesetz, Kommentar, München und Berlin, Loseblattausgabe

Mayer, Hellmuth: Strafrecht, allg. Teil, Stuttgart und Köln 1953

Mayer-Tasch, Peter-Cornelius: Thomas Hobbes und das Widerstandsrecht, Tübingen 1965

Mehnert, Klaus: Peking und Moskau, Stuttgart 1962

Meinhold, Peter, Römer 13; Obrigkeit, Widerstand, Revolution, Krieg, Stuttgart 1960

Meyer-Anschütz: Lehrbuch des deutschen Staatsrechts, 7. Aufl., München 1914—1919

Mezger, Edmund: fortgeführt von *Blei,* Hermann, Strafrecht, allg. Teil; ein Studienbuch, 10. Aufl., München und Berlin 1963

Mitteis, Heinrich: Der Staat des hohen Mittelalters; Grundlinien einer vergleichenden Verfassungsgeschichte des Lehnszeitalters, 3. Aufl., Weimar 1948

— Lehnrecht und Staatsgewalt; Untersuchungen zur mittelalterlichen Verfassungsgeschichte, Darmstadt 1958

Ökumenischer Rat der Kirchen (Herausgeber): Appell an die Kirchen der Welt, Dokumente der Weltkonferenz für Kirche und Gesellschaft, deutsch von *H. Krüger,* Stuttgart 1967

Oestreich, Gerhard: Die Idee der Menschenrechte in ihrer geschichtlichen Entwicklung, Hannover 1961

Oetker, F.: Hilfeleistung in Staatsnotwehr und Staatsnotstand, in: GS Bd. 97, 411 ff.

Peter, Ferdinand von: Bemerkungen zum Widerstandsrecht des Art. 20 IV GG, in: DÖV 1968, 719

Pfister, Bernhard und Gerhard *Hildmann* (Herausgeber): Widerstandsrecht und Grenzen der Staatsgewalt (Bericht über die Tagung der Hochschule für politische Wissenschaften und der ev. Akademie Tutzing vom 18. bis 20. 6. 1955), Berlin 1956

Planitz, Hans: Die deutsche Stadt im Mittelalter; von der Römerzeit bis zu den Zunftkämpfen, Graz und Köln 1954

Radbruch, Gustav: Gesetzliches Unrecht und übergesetzliches Recht, in: SJZ 1946, 106

Reichl, Hans: Widerstandsrecht und politischer Streik in der neuen Verfassung und im neuen Strafrecht, in: DB 1968, 1312

Rendtorff, Trutz und Heinz Eduard *Tödt:* Theologie der Revolution; Analysen und Materialien, Frankfurt/M. 1968

Ritter, Gerhard: Ursprung und Wesen der Menschenrechte, in: Hist. Z Bd. 169 (1949), 233

Rosenthal, Walter: Widerstand, in: Deutsche Fragen 1962, 82

Rothfels, Hans: Die deutsche Opposition gegen Hitler; eine Würdigung, Frankfurt/M. und Hamburg 1960 (Fischer-Bücherei)

Rock, Martin: Widerstand gegen die Staatsgewalt; sozialethische Erörterung, Münster 1966

Ruehe, Günter Friedrich: Widerstand gegen die Staatsgewalt oder der moderne Staat und das Widerstandsrecht, Berlin 1958

Rüthers, Bernd: Arbeitskampf und Notstandsverfassung, in: DB 1968, 1948

Sax, Walter: Notwehr bei Widerstand gegen Akte sowjetzonaler Strafjustiz, in: JZ 1959, 385

Scheidle, Günther: Das Widerstandsrecht — Entwickelt anhand der höchstrichterlichen Rechtsprechung der Bundesrepublik Deutschland, Berlin 1969

Scheuner, Ulrich: Parteien und Auswahl der politischen Leitung, in: DÖV 1958, 641

Schier, Wolfgang: Das Recht zum Widerstand, in: Geschichte 1959, 602

Schneider, Peter: Widerstandsrecht und Rechtsstaat, in: AöR Bd. 89 (1964), 1

Schnur, Roman: Die französischen Juristen im konfessionellen Bürgerkrieg des 16. Jahrhunderts; ein Beitrag zur Entstehungsgeschichte des modernen Staates, Berlin und München 1962

— Individualismus und Absolutismus; zur politischen Theorie vor Thomas Hobbes, Berlin 1963

Schmitt, Carl: Verfassungslehre, München 1928

Schönfeld, Walther: Zur Frage des Widerstandsrechts, Stuttgart 1955

Schönke, Adolf und Horst *Schröder:* Strafgesetzbuch, 14. Aufl., München und Berlin 1969

Schröcker, Sebastian: Verfolgung und Widerstand; Grundgedanken der Rechtsprechung des Bundesverwaltungsgerichts zum Häftlingshilfegesetz, in: DÖV 1963, 455

Schwarz, Otto: seit der 23. Aufl. fortgeführt von *Dreher,* Eduard, Strafgesetzbuch, 30. Aufl., München 1968

Schweissguth, Edmund: Das Anerkennungsverfahren in Asylsachen unter besonderer Berücksichtigung der südosteuropäischen Flüchtlinge, in: Jahrbuch für Ostrecht, Bd. II Teil 2, Herrenalb 1961, S. 147 ff.

Schweitzer, Wolfgang: Der entmythologisierte Staat, Gütersloh 1968

Sladeczek, Heinz: Zum konstitutionellen Problem des Widerstands, in: ARSP 1957, 367 ff.

Stier-Somlo, Fritz: Deutsches Reichs- und Landesstaatsrecht, Berlin 1924

Strafgesetzbuch, Leipziger Kommentar, 8. Aufl., Berlin 1957

Stüttler, Josef-Anton: Das Widerstandsrecht und seine Rechtfertigungsversuche im Altertum und frühen Christentum, in: ARSP 1965, 495 ff.

Svarez, Karl-Gottlieb: Vorträge über Recht und Staat; herausgegeben von Hermann *Conrad* und Gerhard *Kleinheyer* (Wissenschaftliche Abhandlungen der Arbeitsgemeinschaft für Forschung des Landes Nordrhein-Westfalen), Köln und Opladen 1960

Thielicke, Helmut: Theologische Ethik, Bd. II Teil 1, Tübingen 1955 und Bd. II Teil 2, Tübingen 1958

Trillhaas, Wolfgang: Ethik, Berlin, 1959

Tsatsos, Themistokles: Zur Begründung des Widerstandsrechts, in: Staat 1962, 157 ff.

Voigt, Alfred: Geschichte der Grundrechte, Stuttgart 1948

Wagner, Hans: Magna Carta Libertatum, Bern 1951

Waider, Heribert: Zur Lehre vom Widerstandsrecht des Volkes nach Schillers „Wilhelm Tell", in: ZStW 1968, 389 ff.

Weber, Hellmuth von: Grundriß des deutschen Strafrechts, Bonn 1946

Weinkauff, Hermann: Die Militäropposition gegen Hitler und das Widerstandsrecht, Bonn 1954

Welzel, Hans: Das deutsche Strafrecht; eine systematische Darstellung, 9. Aufl., Berlin 1965

Wendland, Heinz-Dietrich: Die Kirche in der Revolutionären Gesellschaft; sozialethische Aufsätze und Reden, Gütersloh 1967

Winterfeldt, Achim von: Grundlagen und Grenzen des Widerstandsrechts, in: NJW 1956, 1418

Wintrich, Josef M.: Zur Problematik der Grundrechte (Veröffentlichungen der Arbeitsgemeinschaft für Forschung des Landes Nordrhein-Westfalen, Geisteswissenschaften, Heft 71), Köln und Opladen 1957

Wolf, Erik: Große Rechtsdenker der deutschen Geistesgeschichte, 3. Aufl., Tübingen 1951

Wolzendorff, Kurt: Staatsrecht und Naturrecht in der Lehre vom Widerstandsrecht des Volkes gegen rechtswidrige Ausübung der Staatsgewalt, Breslau 1916

Zycha, Adolf: Deutsche Rechtsgeschichte der Neuzeit, 2. Aufl., Marburg 1949

Printed by Libri Plureos GmbH
in Hamburg, Germany